La verità è che non
ti piaci abbastanza

RACHEL HOLLIS

La verità è che non ti piaci abbastanza

DeAGOSTINI

Titolo originale: *Girl, Wash Your Face*
Traduzione dall'inglese: Maria Carla Dallavalle

Redazione: Via Inverigo, 2 – 20151 Milano
www.deaplanetalibri.it

Prima edizione: marzo 2020

INDICE

A Jen, che ha scosso la mia visione del mondo
per ben tre volte:
la prima con il suo libro Interrupted,
la seconda con un viaggio in Etiopia,
e la terza insegnando a tutti noi che una vera leader
racconta la verità, anche a suo svantaggio.

INTRODUZIONE
Ehi, amiche mie!

Questo libro analizza alcune bugie che ci feriscono e un'importante verità.

Quale verità? Noi, e soltanto noi, siamo le responsabili di chi diventiamo e di quanto siamo felici. Questo è il succo.

Non fraintendetemi. Racconterò centinaia di episodi divertenti, strani, imbarazzanti, tristi o assurdi, ma ciascuno di essi mira a chiarire la stessa verità sintetica e degna di un pin su Pinterest: la vostra vita dipende solo da *voi*.

Però quella verità non vi risulterà mai credibile se prima non riconoscerete le bugie che la intralciano. Capire che siete voi a scegliere la felicità, che siete voi a tenere in mano le redini della vostra vita è estremamente importante. È una di quelle verità che dovreste appendere in bacheca come promemoria... ma non è l'unica cosa di cui dovete convincervi.

Dovete anche identificare – e sistematicamente distruggere – le bugie che vi raccontate da tutta una vita.

Perché?

Perché è impossibile andare in un posto nuovo, *diventare* una persona nuova, senza prima sapere chi siamo.

La consapevolezza che acquisiamo scavando nelle nostre convinzioni su noi stessi è inestimabile.

Avete mai creduto di non essere abbastanza brave? Di non essere abbastanza magre? Di non meritare l'amore? Di essere cattive madri? Avete mai creduto di meritare punizioni o maltrattamenti? Di non valere nulla?

Tutte bugie.

Tutte bugie alimentate dalla società, dai media, dalla famiglia d'origine, o da chissà cos'altro. Queste false verità sono pericolose, anzi devastanti per la nostra autostima e per la nostra capacità di agire.

L'aspetto più sinistro delle menzogne che ci raccontiamo è che le percepiamo solo raramente. E questo perché ce le sentiamo urlare nelle orecchie da così tanto tempo che ormai sono diventate un rumore di fondo. La narrazione negativa ci bombarda ogni giorno, così costantemente che non ci accorgiamo neppure più della sua presenza. Riconoscere quelle bugie su di noi che abbiamo imparato ad accettare e a credere è la chiave per crescere e diventare una versione migliore di noi stesse. Se riusciamo a identificare il fulcro delle nostre difficoltà e a capire che abbiamo il potere di sconfiggerle, allora possiamo cambiare totalmente la traiettoria della nostra vita.

Ecco perché faccio quello che faccio. Ecco perché gestisco un sito Internet dove parlo di come realizzare un centrotavola, come essere un genitore paziente o come rinsaldare un matrimonio. Ecco perché ho sperimentato trenta metodi diversi per pulire la lavatrice a carica frontale prima di condividerli con la mia community. Ecco perché conosco la perfetta proporzione tra succo di limone e aceto balsamico per cucinare un brasato delizioso. In altre parole, tratto tantissimi argomenti diversi sulla mia piattaforma online, ma in sostanza tutti si riconducono alla volontà di presentare gli elementi che compongono la mia vita e lo sforzo fatto per padroneggiarli. I miei post dimostrano come sto crescendo e cosa sto imparando, e sono intesi come un incoraggiamento anche per altre donne. Probabilmente, se avessi avuto un talento particolare per l'istruzione a domicilio, il lavoro a maglia, la fotografia o il macramé, l'avrei sfruttato per cercare di migliorare me stessa e spronare le mie amiche a fare altrettanto. Invece non mi intendo di queste cose. Ho esperienza in tutto ciò che ha a che vedere con il lifestyle, perciò creo contenuti su questo tema.

Sin dall'inizio della mia carriera mi sono resa conto che molte donne guardano al lifestyle per cercare il modello di qualcosa che *devono* desiderare di avere o di qualcuno che *devono* aspirare a essere. Spesso le immagini proposte sono irraggiungibili – un'altra delle bugie che ci vengono propinate – perciò mi sono prefissata di essere onesta, sempre. Ho promesso di essere autentica e sincera, e così, per ogni fotografia di cupcake accuratamente studiata che pubblicavo, ne condividevo una di me stessa con la paresi facciale. Se andavo a un appuntamento esclusivo, compensavo con un post sulla mia battaglia per perdere peso e alcune foto di me con una ventina di chili in più. Nel tempo, ho parlato di qualsiasi cosa: le difficoltà del mio matrimonio, la depressione post-partum o quanto mi sono sentita gelosa, spaventata, arrabbiata, brutta, indegna, trascurata. Ho cercato di essere totalmente sincera su chi sono e da dove vengo. Non sto scherzando: il gesto più eclatante che io abbia mai fatto è stato postare una foto, poi diventata virale, della mia pancia flaccida piena di smagliature. Eppure…

Eppure continuo a ricevere messaggi da donne di tutto il mondo che mi chiedono come faccio a tenere tutto sotto controllo, mentre la loro vita è una lotta infinita. Riesco a percepire il dolore che esce da quelle email. Riesco a sentire il senso di vergogna nelle parole che usano per descrivere le loro difficoltà, e mi fa male il cuore.

Così rispondo. Dico a tutte loro quanto sono belle e forti. Le definisco "guerriere", "eroine", "combattenti". Le esorto a non arrendersi. Mi sembra la cosa giusta da dire a una perfetta sconosciuta, però non è tutto ciò che vorrei dire. Non è ciò che direi se a stare male fosse mia sorella, oppure la mia migliore amica. Non è ciò che vorrei poter dire a me stessa da giovane. Perché se con chi mi sta accanto io sono solidale e incoraggiante... mi rifiuto categoricamente di stare a guardare mentre si piange addosso.

La verità è che voi *siete* forti e coraggiose, delle vere guerriere... ma se ve lo dico, è perché voglio che voi stesse riconosciate di avere queste caratteristiche. Voglio prendervi per le spalle e scuotervi fino a farvi battere i denti. Voglio provocarvi finché non trovate il coraggio di scoprire da sole la risposta che state cercando. Voglio gridare a pieni polmoni finché non recepite questa grande verità: avete la vostra esistenza in pugno. Avete una sola vita, che scivola via a ogni istante. Perciò smettetela di criticarvi, e di lasciare che lo facciano gli altri. Smettetela di accontentarvi se ricevete meno di ciò che meritate. Smettetela di acquistare cose che non potete permettervi per fare colpo su gente che non apprezzate poi così tanto. Smettetela di reprimere le emozioni invece di elaborarle. Smettetela di comprare l'amore dei figli con il cibo, i giocattoli o la complicità perché è più facile che essere brave mamme. Smettetela di abusare del vostro corpo e della vostra mente. Basta! Toglietevi da quel circolo vizioso infinito. La vita deve essere un viaggio da un posto preciso a un altro, non una giostra che continua a riportarvi allo stesso punto.

La vostra esistenza non deve somigliare alla mia. Diamine, la vostra esistenza non deve somigliare a quella di nessun altro, ma essere qualcosa che realizzate con le vostre mani.

Sarà difficile? Certo che sì! Ma se prenderete scorciatoie è garantito che vi ritroverete sul divano, con venti chili di troppo, mentre la vita vi scorre accanto.

Il cambiamento avverrà da un giorno all'altro? Niente affatto. È un processo che dura tutta la vita. Proverete tecniche e strumenti diversi, e se alcuni andranno bene, magari uno vi sembrerà la soluzione e gli altri trentasette robaccia. Poi vi sveglierete il giorno dopo e ci riproverete. E ancora. E ancora.

E fallirete.

Riprenderete le cattive abitudini. Mangerete metà torta di compleanno quando nessuno vi vede, o urlerete contro vostro marito, o alzerete il gomito per un mese. Ricadrete in una routine negativa, perché è così che succede. Ma quando avrete capito che siete *voi* l'unica persona ad avere realmente in mano le redini della vostra vita, vi rialzerete e ci riproverete. E continuerete a farlo finché avere il controllo vi sembrerà più naturale che non averlo. Diventerà uno stile di vita, e voi diventerete le persone che siete destinate a essere.

È opportuno chiedersi fin dall'inizio e senza troppi giri di parole che ruolo ha la fede in tutto questo. Essendo cristiana, io sono cresciuta con la convinzione che Dio abbia il controllo, che abbia un progetto per la mia vita, e credo con tutta me stessa che sia vero. Credo che Dio ami ciascuno di noi in maniera esclusiva e incondizionata, ma questo non significa che possiamo sprecare i doni e i talenti che abbiamo semplicemente perché siamo già abbastanza bravi. Un bruco è un bellissimo animale, ma se si fermasse lì – se decidesse che le cose vanno bene così come sono – perderemmo l'occasione di vedere la splendida creatura che potrebbe diventare.

Voi siete molto più della persona che siete diventate.

È questo che voglio trasmettere alle donne che mi scrivono chiedendomi consigli. Potrebbe essere spiazzante sentirselo dire, ma il corollario di questa nuova consapevolezza è una piacevole verità: voi siete più di quello che siete diventate e avete il pieno controllo su ciò che potete fare, a partire dalla vostra presa di coscienza.

Il che mi ha suscitato un'idea.

E se scrivessi un libro su come ho combattuto le mie difficoltà e spiegassi i passi che mi hanno portata a superare quei periodi? E se parlassi di tutti i miei fallimenti, dei momenti imbarazzanti? E se le mie lettrici scoprissero che a volte mi arrabbio al punto da urlare contro i miei figli? Anzi, non mi limito a urlare, o a strillare, oppure a rimproverarli con durezza, no: sbraito talmente forte che quando ci ripenso a distanza di tempo provo vergogna e nausea. E se scoprissero che probabilmente ho almeno tre carie in bocca perché andare dal dentista mi terrorizza? E se raccontassi della mia cellulite, o di quel salsicciotto che si forma tra il braccio e il seno quando indosso una canottiera, e sembra una terza tetta? Ho già parlato, poi, della schiena grassa? O del pelo che mi cresce sul neo che ho in faccia? O delle mie insicurezze?

E se iniziassi questo libro dicendo che io, da adulta, mi sono fatta la pipì addosso... più volte? E se aggiungessi che nonostante tutti questi fatti divertenti, imbarazzanti, dolorosi o volgari, sono in pace con me stessa? Che mi voglio bene anche quando faccio cose di cui non vado fiera? E che questo è possibile perché so che in fin dei conti ho il potere di cambiare, ho il controllo sulla persona che diventerò? Domani mi sveglierò e avrò un'altra possibilità di vivere meglio. Grazie a Dio, ho avuto a disposizione trentacinque anni per fare prove in alcuni ambiti della mia esistenza (come la preparazione di pasticci al formaggio) fino a diventare imbattibile! E in altri ambiti (come la gestione dell'ansia) lavoro costantemente da diverse prospettive.

È un percorso che durerà tutta la vita, ma so che ogni giorno mi serve per imparare e per crescere, e questo mi fa sentire in pace con me stessa.

Volete sapere contro quali cose ho lottato? A quali bugie su me stessa ho creduto per tanto tempo?

L'elenco sarebbe lungo chilometri. Così lungo, in effetti, che ho deciso di dedicare un capitolo a ciascuna delle *mie* bugie. Ogni sezione di questo libro si apre con una falsa verità di cui ero convinta, seguita dalla spiegazione di come quella convinzione mi abbia ostacolata, ferita, e talvolta indotta a ferire altre persone.

Ma, riconoscendole, ho privato quelle bugie del loro potere. Vi racconterò quindi quali cambiamenti ho apportato nella mia vita per superare le difficoltà – alcune una volta per tutte, altre con progressi e ricadute, soprattutto se c'erano in ballo le mie insicurezze più radicate.

Quali sono le mie insicurezze? Be', nelle prossime pagine vi illustrerò alcune fra le più gravi. Spero che vi servano da incoraggiamento. Spero che troverete utili le mie riflessioni. E, soprattutto, spero che farete vostra la consapevolezza che potete diventare chiunque e qualsiasi cosa vogliate.

Ricordate, infine, che nei giorni in cui tutto vi sembrerà impossibile, l'unica cosa che conterà sarà andare avanti. Anche solo di un centimetro, ma andare avanti.

Con affetto,

Rach

Bugia n. 1

QUALCOS'ALTRO MI RENDERÀ FELICE

La scorsa settimana mi sono fatta la pipì addosso.

Non proprio fino a inzupparmi, come quella volta al campo estivo, quando avevo dieci anni. Stavamo giocando a rubabandiera e non ero riuscita a resistere un secondo di più. Non volendo ammettere quello che mi era successo, mi ero rovesciata addosso una bottiglietta d'acqua. Immaginavo che, con i vestiti tutti bagnati, nessuno – soprattutto Christian Clark, la mia cotta estiva – si sarebbe accorto di nulla. Ero piena di risorse anche allora.

Gli altri avevano trovato strano che improvvisamente fossi fradicia?

Probabilmente sì, ma preferivo di gran lunga essere considerata un tipo strambo piuttosto che una che se la faceva addosso.

Quanto all'episodio della settimana scorsa, non ho raggiunto *quel* livello. Più che una cascata, è stato lo sgocciolio che può capitare a qualsiasi donna che abbia partorito tre volte.

Dare alla luce un bambino è come il lancio di una navicella spaziale. Tutto si distrugge durante l'espulsione, il che può significare che a volte me la faccio negli slip.

Se questa rivelazione urta la vostra delicata sensibilità, ne deduco che non abbiate mai avuto problemi di controllo della vescica, e in tal caso mi congratulo con voi. Se invece la mia esperienza vi suona familiare, probabilmente anche voi avete questo problema, ed essendovi trovate in una situazione altrettanto imbarazzante, sicuramente avrete appena accennato un sorriso.

Stavo saltando con i miei figli sul tappeto elastico nel cortile dietro casa quando qualcuno mi ha esortato a esibirmi in una spaccata in volo. Si tratta della mia unica abilità su quella trappola mortale a molle, e se devo raccogliere tutta la mia grinta per issarmi là sopra, potete scommettere che lo farò al meglio delle mie possibilità. Un attimo prima mi stavo librando in aria come una di quelle ragazzine smilze che le compagne lanciano in alto durante una gara per cheerleader, e l'attimo dopo mi sono ritrovata con le mutandine bagnate. Non se n'è accorto nessuno – a meno di non contare il mio orgoglio – ma fatto sta che è andata così. Ho dovuto continuare a saltare in modo che il costante spostamento d'aria mi asciugasse i pantaloncini. Sono un tipo pieno di risorse, ricordate? Il tutto è accaduto con un tempismo eccezionale, perché neanche trenta minuti dopo su Facebook è apparso un post programmato che mi mostrava intenta a provare vari outfit per gli Oscar.

Prima che vi facciate un'idea sbagliata, non sono così chic da partecipare alla cerimonia degli Academy Awards, però sono sposata con un uomo decisamente aitante. Nemmeno lui è molto chic, ma il suo lavoro lo è senz'altro. Questo significa che a volte mi capita di indossare abiti da principessa e bere vino gratis in saloni da ballo illuminati a giorno. In questi casi, su Instagram o Facebook appaiono foto che ci ritraggono superglam e con acconciature impeccabili, e la rete impazzisce. È un'occasione perfetta per fare considerazioni su quanto debba essere entusiasmante la mia vita e quanto elegante, trendy e perfetto il mio mondo.

Quando ho letto quei commenti, più tardi, l'unica cosa che mi è venuta in mente è stata: "Mi sono appena fatta la pipì addosso, in pubblico, circondata da altri esseri umani". Sono letteralmente andata in bagno *nell'aria* mentre costringevo i miei tendini ad assumere posizioni ginniche innaturali per fare colpo sul mio bambino di tre anni.

Come vedete, sono quanto di meno glamour si possa immaginare.

E non lo dico con la finta modestia di una celebrità che si dichiara una persona normale. Come quella volta in cui Gwyneth si è presentata in pubblico senza trucco e, con la sua pelle perfetta e i suoi capelli biondi da angioletto, ha cercato di convincerci che era una ragazza come tante, nonostante indossasse una T-shirt da quattrocento dollari.

No, lo dico a ragion veduta.

Non sono glamour. Sono al mille per mille una delle persone più sfigate che vi può capitare di incontrare. Se in qualche modo sono riuscita a suggerirvi il contrario solo perché gestisco un sito dedicato al lifestyle pieno di belle foto, o perché a volte sfoggio una chioma lucente su Instagram, bene, lasciate che vi spieghi un paio di cose. Non sono una moglie o una madre perfetta, né un'amica perfetta o un boss perfetto. Neanche. Un. Po'. Non sono perfetta in niente di quello che faccio – be', tranne cucinare e mangiare piatti a base di formaggio, ma nelle altre cose, le cose della vita? Oh, lì faccio una fatica immane.

Mi sembra importante ammetterlo esplicitamente. Abbastanza importante da basare un libro intero su questa idea, in realtà, perché voglio essere sicura che vi entri bene in testa.

Sono incredibilmente imperfetta, nelle grandi e nelle piccole cose, in ogni senso e direzione, eppure mi guadagno da vivere dicendo alle altre donne come migliorare la loro vita. Io, quella dei regimi di allenamento e degli scrub fai-da-te per ridare luminosità alla pelle. Io, quella dei consigli sul menu di una cena delle feste e delle liste dettagliate su come essere buoni genitori. Ebbene sì, sono la prima a essere piena di difetti.

Sempre.

Questo è un punto essenziale perché voglio chiarire che capita a tutti di non essere all'altezza. Eppure, anche se continuo a fallire ancora e ancora e ancora, io non mi lascio scoraggiare. Mi sveglio ogni mattina con il proposito di migliorarmi. Certi giorni ho la sensazione di avvicinarmi alla versione migliore di me. Altri, invece, mangio formaggio spalmabile per cena. Ma il dono che ci offre la vita è quello di avere una nuova possibilità domani.

A un certo punto noi donne abbiamo però recepito un'informazione sbagliata. O meglio, abbiamo recepito così tante informazioni sbagliate che ci siamo arrese. Viviamo in una società del "tutto o niente", che ci impone di apparire, agire, pensare e parlare in modo perfetto oppure di gettare la spugna e rinunciare a provarci.

È questa la cosa che mi preoccupa di più: il fatto che abbiate smesso di provare. Ricevo tantissimi messaggi in questo senso dalle mie lettrici e leggo migliaia di commenti sui miei profili social. Alcune di voi si sentono così oppresse dalla propria vita che si sono arrese. Siete come detriti galleggianti, trascinati dalla corrente. Portare avanti bene la partita vi sembra troppo difficile, perciò avete rinunciato a giocare. Oh, certo, siete ancora in campo. Continuate ad andare al lavoro, a preparare la cena e a prendervi cura dei vostri figli, ma siete costantemente intente a recuperare terreno. Avete la sensazione di essere rimaste indietro e vi sentite sopraffatte.

La vita non deve opprimervi sempre e comunque. Non dovete accontentarvi di sopravvivere: la vita è fatta per essere vissuta.

Ci saranno periodi o eventi che sfuggiranno al vostro controllo, ma i momenti in cui vi sentirete annegare devono essere brevi. Non devono occupare tutta la vostra esistenza! La vita preziosa che vi è stata donata è come una nave che solca l'oceano, e voi dovete esserne il capitano. Certo, ci sono occasioni in cui qualche tempesta vi sbatte qua e là, allaga il ponte o spezza in due l'albero maestro, ma è proprio allora che dovete lottare per ritrovare la rotta e svuotare la nave un secchio dopo l'altro. È allora che dovete combattere per tornare al timone. È la *vostra* vita, e dovete essere voi l'eroico artefice della vostra storia.

Questo non significa diventare egoiste, né smettere di credere in qualcosa di più grande di noi, quanto piuttosto assumersi la responsabilità della propria esistenza e della propria felicità. In altre parole – con una schiettezza che probabilmente prima o poi mi farà meritare un pugno in faccia – se siete infelici, *dipende da voi.*

Ma quando dico infelici, intendo proprio infelici. Non depresse. La vera depressione ha a che vedere con il corredo genetico e l'equilibrio biochimico dell'organismo. Avendo lottato contro questo problema personalmente, ho la massima comprensione per chiunque lo stia affrontando.

Non mi riferisco nemmeno alla tristezza. La tristezza o la sofferenza causate da circostanze che esulano dal nostro controllo – come la straziante perdita di una persona cara – non sono cose che si possono superare in fretta o con facilità: bisogna sopportarle e conoscerle, altrimenti non si riuscirà mai ad andare avanti.

Quando dico "infelici", intendo insoddisfatte, inquiete, frustrate, arrabbiate, o con una di quelle emozioni che ci fanno venir voglia di nasconderci dalla nostra vita anziché accoglierla a braccia spalancate, come recita il titolo di una canzone dei Creed. Perché le persone felici – quelle che, nel 90 percento del tempo, sono soddisfatte della propria vita – esistono. Le avete viste. Anzi, in questo momento state leggendo un libro scritto da una di loro.

In fin dei conti, penso sia proprio questo cui fa riferimento chi commenta le mie foto. «La tua vita è davvero perfetta» in realtà significa: "La tua vita sembra felice. Hai l'aria appagata. Sei sempre ottimista e riconoscente. Hai sempre il sorriso sulle labbra".

Bene, vorrei spiegarvi perché.

L'inizio non è stato facile. In realtà, l'aggettivo che userei per descrivere gran parte della mia infanzia è "traumatica". Casa nostra era un delirio, tra alti e bassi estremi. C'erano grandi feste affollate di parenti e amici, seguite da urla, zuffe e pianti. Pugni contro il muro e piatti che volavano e si schiantavano sul pavimento della cucina. Mio padre reagiva allo stress con la rabbia, mia madre lo gestiva dormendo per quattro settimane di fila. Come molti bambini cresciuti in condizioni simili, non credevo esistesse un altro modo per essere una famiglia.

Poi, quando avevo quattordici anni, Ryan, mio fratello maggiore, si suicidò. Le cose che vidi e che dovetti affrontare quel giorno e in seguito continueranno a tormentarmi per sempre, ma mi hanno anche cambiato in maniera sostanziale. Ero la più piccola di quattro figli e fino a quel momento avevo trascorso la mia vita per lo più inconsapevole del mondo fuori da casa mia. Ma quando Ryan morì, la nostra famiglia, già instabile e turbolenta, andò in frantumi. Se prima la vita era difficile, dopo divenne insostenibile.

Mi ritrovai a dover crescere in un giorno solo. E in mezzo all'angoscia, alla paura e alla confusione di quel tragico evento, conobbi una grande verità: se volevo una vita migliore rispetto a quella che mi era capitata, toccava a me crearmela.

Quando mio fratello compì quel tragico gesto, io ero al primo anno di liceo, e iniziai immediatamente a seguire il maggior numero possibile di corsi per potermi diplomare in anticipo. Al terzo anno, conseguito il diploma, mi trasferii a Los Angeles, la metropoli più vicina alla cittadina californiana dove vivevo. Per un topo di campagna come me, LA sembrava uno di quei luoghi dove tutti i sogni possono diventare realtà. Avendo solo diciassette anni, non ero nemmeno abbastanza grande per intestarmi una linea telefonica o prendere in affitto un appartamento senza la garanzia di un adulto, eppure l'unica cosa che desideravo era scappar via dalla mia famiglia. Per anni avevo vissuto nel caos della casa della mia infanzia pensando: "Un giorno me ne andrò di qui e sarò felice".

E come potevo non esserlo a Los Angeles? Dal momento in cui misi piede in quella città, ne assimilai ogni particella. Assorbii la frenetica energia di Hollywood e mi adattai al ritmo delle onde che si infrangevano sulla spiaggia lungo la Pacific Coast Highway. Quello skyline multidimensionale mi faceva sentire una donna emancipata. Ammiravo gli scenari che soltanto un forestiero avrebbe notato.

La maggior parte della gente non fa caso agli alberi di Beverly Hills. È troppo impegnata a invidiare le ville nascoste nel verde, eppure quelle piante sono state una delle prime cose che ho notato. Ero appagata da quella bellezza fine a se stessa perché nella mia cittadina d'origine non esisteva niente del genere. Il punto è che a Beverly Hills tutta la vegetazione è distribuita armoniosamente. In qualsiasi strada, a qualsiasi angolo, e perfino in mezzo al caos di una metropoli frenetica, si vedono file e file di alberi in perfetta simmetria, un vasto assortimento di pini delle Canarie, alberi della canfora e palme da dattero. Disposti secondo lo schema originale, curato da un architetto paesaggista all'inizio del Ventesimo secolo, presidiano gli ampi viali come silenziose sentinelle di una delle città più ricche al mondo.

Dopo una vita trascorsa nella confusione, quell'ordine mi faceva stare bene.

"Finalmente sono nel posto giusto" pensavo tra me.

Con il passare del tempo e l'avvicendarsi delle stagioni, la mia nuova città mi insegnò una delle lezioni più importanti che io abbia mai imparato. Trasferirsi, viaggiare, andare via? È solo una questione geografica. Trasferirsi non cambia chi *sei*. Cambia semplicemente la vista fuori dalla tua finestra. Sei tu che devi scegliere chi essere – felice, grata e realizzata. Se fai questa scelta ogni singolo giorno, a prescindere da dove ti trovi o da quello che sta succedendo, sarai felice.

Riesco a vedere Amanda, la mia migliore amica, poche volte all'anno. Ogni volta che ci incontriamo, parliamo finché ci brucia la gola e ridiamo finché ci fanno male le guance. Potremmo spassarcela allo stesso modo nel salotto di casa mia o spaparanzate su una spiaggia in Messico. Be', certo, il Messico è più bello, c'è un clima migliore e i cocktail con tanto di ombrellini non mancano mai... ma noi due sappiamo divertirci comunque, anche nel cortile sul retro o davanti al cassonetto della spazzatura del supermercato vicino a casa, perché ci elettrizza già solo l'idea di stare un po' insieme. Quando sei impegnata e coinvolta, e decidi di goderti la vita, non importa dove ti trovi, né quali cose negative ti vengono scaricate addosso. Troverai comunque la felicità, perché non conta *dove* sei ma *chi* sei.

=> COSE CHE AIUTANO

1. **Smettere di fare confronti.** Ho smesso di paragonarmi agli altri, e anche a chiunque pensavo di dover essere. Il confronto è la morte della felicità, e l'unica persona rispetto alla quale dobbiamo essere migliori è quella che eravamo ieri.

2. **Circondarsi di positività.** Mi imbarazza persino scriverlo, perché sembra una di quelle frasi che potreste vedere su un poster appeso nella palestra di una scuola media, ma, che sia banale o meno, è una sacrosanta verità. Ciò che diventiamo è il riflesso delle persone di cui ci circondiamo. Ciò che diventiamo è ciò che consumiamo. Se state attraversando un momentaccio o avete l'impressione di vivere in uno spazio negativo, analizzate con attenzione chi e cosa vedete ogni giorno.

3. **Capire ciò che ci rende felici e farlo.** Sembra l'idea più ovvia del mondo, ma, a conti fatti, sono pochissime le persone che scelgono di fare le cose che procurano loro gioia. No, con questo non intendo dire che potete far ruotare la vostra vita intorno a massaggi rilassanti e cene sontuose (o forse sì, se siete signorine snob...). Intendo dire che dovreste dedicare più tempo alle attività che nutrono lo spirito: più passeggiate con il cane, meno impegno per le cose che vi sentite in obbligo di fare ma che in realtà detestate. Siete responsabili della vostra vita, e non c'è assolutamente nulla che non vi possiate concedere. Pensateci.

Bugia n. 2

COMINCERÒ DOMANI

Ho perso il conto delle diete che ho provato. Non ricordo nemmeno il numero delle volte in cui mi sono organizzata per andare in palestra, per poi tirarmi indietro.

Il numero di mezze maratone cui mi sono registrata, per le quali ho pagato la quota di iscrizione e che poi ho bellamente finto di dimenticare quando si trattava di iniziare ad allenarmi? Due.

Il numero di volte in cui ho dichiarato: «D'ora in poi farò un chilometro di camminata ogni mattina prima del lavoro!» e poi non sono riuscita ad andare oltre il terzo giorno? Un'infinità.

Mi sono portata dietro questa cattiva abitudine per anni, come succede a molte donne. Parliamo di ciò che ci piacerebbe fare, essere, provare e raggiungere, ma quando arriva il momento di *agire*, ci nascondiamo più rapidamente di un tavolino pieghevole dopo una serata tra amici.

Magari abbiamo sviluppato questo comportamento perché siamo cresciute seguendo un certo schema. Giornali e programmi televisivi dedicano ampio spazio a cosa fare quando usciamo dai binari anziché insegnarci come non deragliare. Le cose succedono, e i piani che tracciamo possono saltare, ma quando le promesse che facciamo vengono sistematicamente infrante nella nostra vita, forse è il caso di farsi un esame di coscienza.

Qualche mese fa ero fuori a cena con le mie amiche più care. Per l'esattezza, un happy hour improvvisato si è trasformato in una cena improvvisata, che ha finito per protrarsi più di quanto ci saremmo aspettate. In ogni modo, quando sono tornata a casa, i bambini erano già a letto, e Dave era immerso in una partita del videogioco di baseball con cui trascorre tutte le sere da due anni a questa parte (senza fare progressi tangibili, per quanto ne so). Gli ho dato un bacio e gli ho chiesto come fosse andata la sua giornata, poi sono andata nel seminterrato, dove teniamo il nostro vecchio tapis roulant, e ho fatto qualche chilometro di corsa. Ho postato le prove di quell'allenamento su Snapchat, e quando la mia amica ha visto la foto mi ha mandato un messaggio. «Ti sei allenata dopo cena? Cosa diavolo ti è preso?»

«Sì» le ho risposto, «avevo in programma di farlo e non volevo sgarrare.»

«Non potevi semplicemente rimandare a domani?» mi ha chiesto, sconcertata.

«No, perché ho fatto una promessa a me stessa e io le promesse le mantengo sempre.»

«Pfff» mi ha risposto, «io sono la PRIMA persona con cui non mantengo le promesse.»

Non è l'unica. Lo facevo sempre anch'io, finché non mi sono resa conto di quanto fosse difficile mantenere la parola data ad altri quando ero la prima a non tenere fede a quello che mi ripromettevo di fare per me. "Mi allenerò domani" era destinato a diventare "non mi allenerò tanto presto" perché, diciamoci la verità, se ci importasse davvero di un impegno, lo manterremmo e basta. Che cosa succederebbe, invece, se aveste un'amica che vi dà buca in continuazione? E se tutte le volte in cui avete qualcosa in ballo lei non si presentasse? E se trovasse scuse patetiche tipo: «Vorrei tanto uscire con te, ma sto vedendo un bellissimo programma in tv»?

E se ogni due o tre settimane una collega vi annunciasse di aver iniziato una nuova dieta o di avere un nuovo obiettivo da raggiungere, salvo poi lasciar perdere tutto dopo poco? Magari gliene chiedereste conto: «Ehi, pensavo che stessi seguendo la dieta paleolitica» mentre lei se ne sta seduta nella sala mensa davanti a una pizza con salsiccia. Allora vi direbbe che sì, in effetti aveva iniziato la paleo, e stava anche andando bene, ma dopo due settimane suo figlio aveva compiuto gli anni e lei non aveva resistito alla tentazione di mangiare una fetta di torta, e a quel punto si era resa conto che tanto valeva lasciar perdere. Ora ha ripreso i chili che aveva perso e ne ha anche messo su qualcuno in più.

Siate sincere, voi provereste *stima* nei suoi confronti? Vi fidereste di questa donna che fa una falsa partenza dietro l'altra? Vi sentireste di contare su di lei, oppure sull'amica che continua a tirarvi bidoni per i motivi più futili? Credereste in loro quando si impegnano a fare una cosa o quando prendono un impegno con voi?

No.

Nemmeno per sogno. E lo stesso livello di diffidenza e apprensione vale anche per voi. Il vostro subconscio sa che voi, proprio voi, non siete affidabili, dopo tutti i progetti che avete mandato all'aria e gli obiettivi cui avete rinunciato.

D'altro canto, avete mai conosciuto una persona che sia sempre rimasta fedele alla parola data? Una persona che, se dice che sta arrivando, si presenterà con dieci minuti d'anticipo? Una persona che, se si assume la responsabilità di un progetto, potete scommetterci le chiappe che lo porterà a termine? Una persona che ammirate profondamente perché, se dice di essersi iscritta alla sua prima maratona, di sicuro arriverà al traguardo? Quando questo tipo di persona si impegna a fare qualcosa, quanto seriamente prendete le sue parole?

Spero si capisca cosa intendo.

Se continuate a fare e infrangere promesse a voi stesse, non state affatto facendo promesse. State parlando a vanvera. State diventando velleitarie come la vostra collega con la sua dieta o la vostra amica inaffidabile che vi tira un bidone per guardare *Il Trono di Spade*.

Quante volte avete dato forfait per guardare la tv? Quante volte avete gettato la spugna ancora prima di iniziare? Quante volte avete fatto dei progressi, per poi incappare in una battuta d'arresto e mollare tutto? Quante volte i vostri famigliari, amici o colleghi vi hanno visto gettare la spugna, ancora e ancora e ancora?

Questo non va bene.

La nostra società lascia ampio spazio all'autocompiacimento e alla pigrizia; raramente vediamo esempi di persone che si assumono le proprie responsabilità. Altrettanto raramente troviamo bevande alla vaniglia senza zucchero, ma se proprio ne vogliamo una, troviamo il modo di procurarcela.

Sto scherzando, è chiaro, ma solo fino a un certo punto.

Quando desiderate davvero una cosa, trovate il modo di ottenerla. Quando non la desiderate davvero, trovate una scusa. Come fa il vostro subconscio a riconoscere la differenza tra ciò che volete e ciò che fingete di volere? Pensate a come avete affrontato situazioni simili in passato. Avete mantenuto la parola? Quando vi eravate prefisse di fare una cosa, l'avete portata a termine?

Quando ci sentiamo smarrite, puntiamo allo standard più basso, e lo standard più basso di norma coincide con il nostro massimo livello di allenamento. Sembra un controsenso, quindi mi spiego meglio. Se ci proponiamo di correre cinquanta chilometri, dove arriveremo facilmente senza fermarci? Al nostro massimo livello di allenamento. Perciò, se il massimo della distanza che abbiamo percorso agevolmente è cinque chilometri, ci sentiremo sfiancate a questa distanza. Certo, l'adrenalina può portarci un po' più in là, e il potere della mente ha la sua importanza, ma il corpo tende a tornare a ciò che conosce e alla condizione in cui si sente più a suo agio.

Lo stesso discorso vale per le promesse che facciamo a noi stesse.

Se ci prefiggiamo un obiettivo – per esempio "Scriverò un romanzo" oppure "Correrò una maratona" – il nostro subconscio valuterà la probabilità che questo accada in base alle esperienze passate. Perciò, se il quarto giorno siamo stanche e non abbiamo voglia di andare a correre, la mente tornerà al massimo livello di allenamento che conosce. Cos'è successo l'ultima volta che ci siamo trovate nella stessa situazione? Abbiamo insistito e fatto quello che dovevamo? Oppure ci siamo inventate una scusa e abbiamo rimandato a un altro momento?

Qualsiasi standard voi abbiate stabilito per voi stesse, quello è il punto che raggiungerete... a meno che non lottiate contro l'istinto e cambiate il vostro schema mentale.

Vi faccio un esempio di come ho modificato i miei modelli comportamentali, di come ho stabilito la regola di vita secondo la quale non avrei mai più infranto una promessa fatta a me stessa, non importa quanto fosse piccola.

Tutto è iniziato con la Coca-Cola Zero.

Un tempo amavo, o meglio, avevo un'ossessione per la Coca Zero.

Per un sacco di tempo ne ho bevute diverse al giorno, finché non mi sono resa conto di quanto fossero deleterie per la mia salute: così ridussi il consumo quotidiano a una sola lattina. Aspettavo il momento di quella bibita come un tossico non vede l'ora di farsi una dose. "È meglio che la beva a pranzo per iniziare il pomeriggio con un po' di carica o dovrei aspettare la cena?" mi chiedevo. "Stasera mangeremo messicano, e la Coca-Cola è perfetta con i nachos e la salsa, quindi forse resistere è la scelta giusta..."

Passavo decisamente troppo tempo a pregustare e rimuginare su quell'abitudine. Poi un'estate mi ritrovai a soffrire di vertigini e cercai di eliminare dalla mia dieta qualsiasi cosa potesse essere dannosa. La mia Coca Zero quotidiana era in pericolo.

"Sinceramente" dicevo tra me, "quale pazzo smetterebbe di bere la Coca Zero? Se dovessimo rinunciare a tutte le cose buone e piacevoli nella vita, allora tanto varrebbe rinunciare all'elettricità e vivere come gli Amish."

Sì, i miei monologhi interiori sono incredibilmente drammatici.

Decisi comunque di fare a meno della Coca Zero per un mese. Un mese non era poi così tanto, pensavo. Potevo ben resistere a una qualsiasi cosa per trenta giorni. L'unico problema era che nella mia vita non ero mai riuscita a rispettare una dieta, un programma di allenamento, un calendario di scrittura o qualunque altra cosa senza mollare tutto o “barare” almeno un paio di volte. E se stavolta, invece, fossi andata fino in fondo?

E così feci.

Per trenta giorni non toccai bibite gassate di alcun tipo, il che non sembra poi un'impresa così eclatante quando sei sano, felice e senza dipendenze. Per me quella prima settimana fu un vero e proprio inferno. “E se...” continuavo a chiedermi, “e se questa volta riuscissi a mantenere la mia promessa?” Intanto passavano i giorni, e alla terza settimana conclusi che non me la cavavo affatto male. Alla fine del mese non ero mai mancata alla mia parola e non bramavo nemmeno più la Coca Zero.

Sono passati quattro anni ormai, e non mi passa nemmeno per la mente di bere tanta Coca Zero come facevo prima. Quando me la ritrovo davanti, il mio istinto è ricorrere al mio addestramento, che mi dice di stare alla larga da quella roba. Ottenere un piccolo successo come questo mi ha fatto capire che l'unica cosa che mi separa dal raggiungimento dei miei obiettivi è la capacità di costruire un'abitudine sulla base dei successi passati.

Partecipare alla mia prima mezza maratona? Ci sono arrivata impegnandomi a correre un chilometro un paio di volte a settimana. Una volta dimostrato a me stessa che potevo mantenere la promessa, riproporrmi di correre due chilometri non mi è sembrata un'impresa impossibile. Il mio allenamento mi trasmetteva la sicurezza che qualsiasi obiettivo mi fossi posta l'avrei raggiunto, anche se ero stanca, quindi ho perseverato.

Scrivere il mio primo libro? È stata la stessa cosa. Prima di portare a termine quel manoscritto, avevo iniziato e interrotto almeno una decina di romanzi diversi. Ma dopo aver completato la prima stesura, ho capito che ora potevo farcela. E adesso, quando il mio istinto mi dice di rinunciare, mollare tutto o lanciare il computer contro il muro se sono sotto consegna, mi torna in mente quante volte ci sono già passata. Per un periodo ho indossato un braccialettino d'oro con inciso sopra il numero di parole del mio primo romanzo: 82.311, così, ogni volta che lo guardavo, mi ricordavo il traguardo che avevo raggiunto. Ero stata io a mettere insieme 82.311 parole in frasi più o meno coerenti. Oggi, quando mi trovo a dover affrontare la sfida di scrivere altri libri, la mia mente torna a quell'esperienza. "Bene" penso, "se non altro, so che riesco a mettere insieme quel tot di parole. L'ho già fatto prima!"

So che annullare una sessione di palestra, un appuntamento, un pomeriggio per organizzare l'armadio o un impegno che avevo fissato in precedenza non sembra poi così importante, invece lo è. È gravissimo. Le parole hanno un peso, ma sono le azioni a modellare la nostra vita.

Se oggi scegliete di non infrangere l'ennesima promessa che avete fatto a voi stesse, vi costringete a rallentare. Non potete mantenere un impegno o una promessa, perseguire un obiettivo o realizzare un'idea se non vi ci applicate con responsabilità. Se riconoscete che le parole hanno un certo potere e che gli impegni hanno un peso, non accetterete nulla a cuor leggero. Dovrete chiedervi se davvero avete il tempo di incontrare quell'amica per un caffè questa settimana. Dovrete decidere se allenarvi quattro volte entro domenica è una possibilità realistica, o se è più fattibile programmare due sessioni sfiancanti e una camminata veloce con la vicina di casa.

Dovrete prendervi il tempo di riflettere a fondo sulle cose.

Non limitatevi a parlare di un obiettivo, ma fate progetti su come raggiungerlo. Stabilite un traguardo e vi sorprenderà quando lo raggiungerete. Insegnate a voi stesse un nuovo modo di comportarvi e di fissare uno standard per il tipo di persona che siete realmente – non quella che avete sognato di diventare, ma quella che vi allenate a essere ogni giorno.

In più, magari prendete in considerazione l'idea di non bere più bibite gassate perché le sostanze chimiche contenute in quel mix sono nocive per la salute.

=> COSE CHE AIUTANO

1. **Iniziare con un piccolo obiettivo.** Bere Coca-Cola Zero era un mio chiodo fisso all'epoca, ma, con il senno di poi, rinunciare a una bibita era mille volte più semplice che correre una maratona, raggiungere un obiettivo di budget annuale o scrivere un libro. Quando qualcuno mi dice che intende iniziare una dieta, gli suggerisco di cominciare puntando a bere ogni giorno una quantità d'acqua pari a trenta millilitri per chilo di peso corporeo. È molto più facile aggiungere un'abitudine che eliminarne una, ma quella dell'acqua è una sfida. Quando avrete retto per un mese, avrete impostato un nuovo standard e potrete passare a uno step più impegnativo.

2. **Stare attente a prendere impegni.** Di solito tendiamo ad accettare di slancio qualsiasi cosa riteniamo possa farci bene. Una dieta? Certo. Volontariato questo sabato? Assolutamente. Sappiamo che si tratta di cose

importanti, perciò diciamo di sì dando per scontato che il valore dell'impegno preso sarà una motivazione sufficiente. Purtroppo non è sempre così. Limitate i vostri sì. Prendete gli impegni che potrete di sicuro onorare perché sono particolarmente importanti per voi, altrimenti sarete destinate a continui fallimenti.

3. **Essere sincere con noi stesse.** Siate oneste con voi stesse riguardo gli impegni che annullate. Una piccola cancellazione qui e una rinuncia là possono anche andare... se non riflettete sulle vostre azioni. Se guardate bene gli impegni che avete annullato negli ultimi trenta giorni, potreste rimanere sconvolte nello scoprire come stavate allenando il vostro comportamento.

Bugia n. 3

NON SONO ABBASTANZA BRAVA

Sono una *workaholic*, una drogata di lavoro.

Non è un'affermazione che faccio a cuor leggero. Sono parole pesanti, e la semplice consapevolezza di essere così mi fa stare male. Perché, per quanto mi sforzi di essere indulgente con me stessa, la verità è che sono una drogata di lavoro *in via di guarigione*.

Lo sono, sì, e lo dico con lo stesso mix di trepidazione e vergogna che proverei se dovessi confessare di avere una qualsiasi altra forma di dipendenza.

Ho cercato la definizione soltanto ora, anche se è da qualche anno che sono consapevole della mia diagnosi. Secondo il mio dizionario online, un *workaholic* è "una persona che si sente forzata a lavorare eccessivamente".

Forzata.

È una parola un po' esagerata, non trovate? Forzata *da chi*? Probabilmente non sono l'unica cui, sentendola, vengono subito in mente *L'esorcista*, l'acqua santa e un prete terrorizzato. Eppure "forzata" è l'espressione più adatta per descrivere la sensazione di avere qualcosa dentro di sé che non accetta un "no" come risposta, e ci spinge ad agire in maniera inconsapevole.

Personalmente, mi sentivo obbligata a lavorare senza sosta?

Sì.

Anche adesso, per esempio, sto scrivendo questo capitolo sulla sindrome di dipendenza dal lavoro alle 5:37 del mattino perché svegliarmi a quest'ora per macinare il numero di parole giornaliero è l'unico modo che conosco per conciliare la stesura di libri, la gestione di un'impresa di comunicazione e la cura della mia famiglia. Mi sento ancora costretta a lavorare finché non sono esausta, fisicamente sfiancata, incazzata con il mondo e incapace di mettere a fuoco lo schermo, ma per lo meno queste cose non succedono più tutte insieme, perciò mi reputo sulla buona strada per risolvere questo problema.

Una delle ragioni per cui lavoro così tanto è semplicemente che amo il mio lavoro. Anzi, no: amo *follemente* il mio lavoro. Senza contare che i miei collaboratori sono le persone più gentili, straordinarie e creative che si possano immaginare. Ciascuno di loro ha dovuto superare una rigida selezione, e per ogni ruolo abbiamo dovuto cambiare un paio di persone prima di trovare quella giusta. Tutti i membri del mio team sono stati adeguatamente formati e, a loro volta, hanno dovuto formare me su come gestirli ed essere un bravo boss. Ci ho messo anni a costruire la mia squadra, ma quando entro in azienda e vedo che tutto fila liscio, quando qualcuno sta mettendo a punto l'elenco dei relatori per il nostro prossimo evento, qualcun altro sta scattando fotografie meravigliose e il reparto marketing sta stringendo nuove partnership con alcuni dei marchi più prestigiosi del pianeta, ebbene, mi sento orgogliosa. Orgogliosa fino alla punta dei piedi per aver messo insieme tutto questo, proprio io, una semplice diplomata che viene dalla provincia. Inoltre mi scoppia il cuore di gioia perché tutte queste persone si stanno facendo il mazzo per realizzare il *mio* sogno.

Io, un tenero topolino di campagna, avevo l'idea di creare uno spazio sul Web dedicato alle donne di qualsiasi estrazione sociale, con l'intento di tirarle su di morale, incoraggiarle, farle sentire circondate da amici, offrire loro aiuto e consigli, e tutto questo con un approccio positivo. E sapete una cosa? Sta funzionando alla grande!

Quando ho aperto il blog, le mie uniche lettrici erano mia madre e qualche zia fieramente devota. Ora il mio bacino di utenti si aggira intorno al milione di contatti e cresce ogni giorno di più. La mia tribù online è meravigliosa. Ammiro le donne che mi seguono, credo che quasi sempre anche loro ammirino me, e sono orgogliosa di aver trovato il modo di dimostrare quello che può fare la mia fiducia in azione. Urrà!

Poi torno a casa.

E lì Sawyer si sta contendendo un mattoncino Lego con Ford, mentre Jackson ha un atteggiamento indisponente che deve aver imparato da qualche compagno di scuola. Se si azzarda ad alzare gli occhi al cielo ancora una volta quando gli parlo, giuro che gli stacco le braccia e gliele sbatto in testa. La piccolina è insofferente perché sta mettendo i dentini, e domani all'asilo c'è una festicciola, ma io non potrò partecipare perché ho in programma un viaggio di lavoro. Io e Dave siamo navi che s'incrociano nella notte, non usciamo per una serata romantica da settimane e ieri gli ho risposto male davanti a un piatto preconfezionato, salvo poi inzuppare il pigiama di lacrime perché mi sentivo un'idiota. E poi, e poi, e poi…

essere una mamma è una gran fatica. Ci combatto costantemente in centinaia di modi diversi.

Ma sul lavoro? Be', sul lavoro so decisamente il fatto mio. Sono bravissima. Sono la fuoriclasse del lifestyle, la campionessa che sa come portare a casa il punto.

Perciò quando mi ritrovai di fronte alla scelta tra darci dentro in ufficio e starmene a casa a ciondolare, mi misi a lavorare, e lavorare e lavorare ancora. E ogni volta che ottenevo un successo professionale, lo consideravo una conferma del fatto che avevo fatto la scelta giusta.

Ma aspettate, c'è dell'altro...

Non avrete pensato che un problema serio come questo fosse causato da una cosa sola, vero? Certo che no! La psicosi di una persona non si limita a intaccare soltanto uno strato. Io sono una cipolla di problemi. Ho una carrettata di bagaglio emotivo, perciò cominciamo a disfarne un po'.

Sono la più giovane di quattro fratelli, e durante la mia infanzia il matrimonio dei miei genitori stava attraversando una crisi profonda. Pur essendo la più piccola, ero una bambina molto autonoma, e credo che la combinazione di questi due elementi mi abbia portato a essere quasi sempre ignorata, a meno che non facessi qualcosa di buono.

Se prendevo il massimo in una verifica...

Se facevo gol nella partita di calcio...

Se ottenevo una buona parte nella recita scolastica...

Se riuscivo in qualcosa, ottenevo elogi e attenzioni e mi sentivo apprezzata e accettata. Ma nel momento in cui il pubblico smetteva di applaudire, tornava tutto come prima.

Ciò che questa situazione mi ha insegnato da bambina – e che mi sono portata dietro da adulta, come ho scoperto grazie ad anni di psicoterapia – era la convinzione che per essere amata dovevo *produrre* qualcosa.

Mandate avanti il nastro e scoprirete che, a trent'anni suonati, è pressoché impossibile che io me ne stia con le mani in mano. Corro da una parte all'altra e mi do da fare al massimo. Nel momento in cui raggiungo un obiettivo, e intendo nel preciso istante in cui l'ho raggiunto, penso immediatamente: "Okay, e ora che si fa?". Faccio fatica a festeggiare o a godermi una vittoria, a prescindere da quanto sia grande, perché sono consapevole che potrei fare qualcosa di ancora più grande. Sul lavoro mi succede in continuazione. Quando arrivo a casa, lavo i piatti, riordino i mobiletti della cucina e scrivo una lista di cose da fare che sarebbe impossibile esaurire nemmeno se avessi a disposizione due vite intere.

Questa necessità di dimostrare quanto valgo, unita al fatto che sono brava nel mio lavoro, mi ha reso una maledetta *workaholic*, anche se non avevo idea di esserlo, né che il mio lavoro stesse seriamente compromettendo la mia salute e la felicità della mia famiglia.

La primissima volta che mi venne una paresi facciale avevo diciannove anni. Mi avviavo al termine del primo lungo e difficile anno con Dave e sapevo che la fine era vicina. Non la fine dell'anno, bensì la fine della nostra relazione. Lui era sempre più distaccato, e per quanto ci fossimo impegnati, il nostro rapporto a distanza non ne voleva sapere di funzionare. Sentivo che l'epilogo stava per arrivare – proprio come dice Phil Collins nella canzone *In The Air Tonight* – e iniziai ad andare in agitazione. Gestii quell'ansia nel modo in cui avevo gestito qualsiasi altra cosa nella vita, ossia raddoppiando gli sforzi sul lavoro. Le mie giornate già piene si riempirono ancora di più.

Non sapevo esattamente che cosa stessi cercando di fare, ma ero convinta che se non mi fossi fermata a pensare all'eventualità che succedesse qualcosa di brutto, probabilmente non sarebbe successo.

Poi una mattina mi svegliai e mi accorsi che il mio occhio sinistro sbatteva con mezzo secondo di ritardo rispetto al destro. Immaginai che fosse dovuto alla stanchezza per il ritmo di lavoro frenetico e mi domandai se non fosse il caso di mettere gli occhiali. Nel pomeriggio cominciai ad avvertire un pizzicore alla lingua e poi ne persi completamente la sensibilità. Andai dal medico temendo di essere sull'orlo di un infarto. Quella fu la prima volta in cui sentii parlare della paralisi di Bell. Con una rapida ricerca su Google scoprii che si trattava di una condizione, talvolta temporanea, correlata a un danno dei nervi deputati a controllare il movimento dei muscoli facciali. Nel giro di qualche giorno non riuscivo più a chiudere l'occhio sinistro e a muovere la bocca e avevo perso la sensibilità nel lato sinistro del viso. Il fatto che avesse colpito un solo lato della faccia donava parecchio al mio fascino globale…

Dovetti indossare una benda sull'occhio – il che, come potete immaginare, è molto sexy, nonché il sogno di qualsiasi diciannovenne. Poiché non riuscivo a muovere simmetricamente le labbra, non scandivo bene le parole e avevo difficoltà a farmi capire. Quando masticavo dovevo tenere la bocca chiusa con le dita per paura che il cibo volasse fuori e si schiantasse a terra come un kamikaze. Inoltre il danno neurologico provoca una nevralgia incredibilmente dolorosa. In quel periodo provavo una gran pena per me stessa.

Nonostante siano passati quindici anni, mi ricordo perfettamente di come mi sentivo quando, guardandomi allo specchio, consideravo quanto apparissi sfigurata in viso. Di come cercassi – peraltro invano – di mettermi l'eyeliner o il mascara, ammesso che truccarmi potesse in qualche modo mascherare la paralisi. E di come, una volta truccata, inevitabilmente rovinassi tutto con le lacrime. Trascorsi settimane in uno stato di preoccupazione costante, oppressa dalla prognosi del medico, secondo il quale quella situazione poteva durare qualche giorno o addirittura mesi. Non c'era modo di saperlo con certezza.

A posteriori, non mi sono mai considerata una ragazza vanitosa. Ho iniziato a truccarmi e a farmi acconciare i capelli solo da adulta, ma avere una paresi facciale mi rese iperconsapevole del mio aspetto fisico. Di conseguenza, caddi in una profonda depressione. Al mattino mi tiravo su dal letto solo per andare a lavorare, e non appena rientravo a casa mi rintanavo sotto le coperte. Non volevo più alzarmi e nemmeno rispondere al telefono. Nelle rare occasioni in cui un'amica mi convinceva ad andare a fare una passeggiata, mi sentivo mortificata dagli sguardi imbarazzati o pietosi della gente quando cercavo di parlare.

In tutto questo, la pallottola che avevo cercato di schivare centrò il bersaglio. Dave mi lasciò.

Sì, d'accordo, lasciare una ragazza con una paresi facciale *non* è stata una delle sue azioni migliori, ma a sua discolpa mi preme dire che a volte, quando cerchiamo di schiarirci le idee, finiamo per fare cose stupide che feriscono chi amiamo. Però, dal momento in cui tornammo insieme (il che, tra l'altro, avvenne quando il mio viso era ancora un disastro), Dave si è sempre dimostrato un partner eccezionale. Il punto è che mi ero ammalata per cercare di impedire che accadesse l'inevitabile. Quando, un mese dopo, la paralisi finalmente mi abbandonò, mi sentii la persona più riconoscente del mondo, sollevata di essermi lasciata il peggio alle spalle, e attribuii quella brutta esperienza a un'occasionale botta di sfortuna.

Qualche anno dopo io e Dave decidemmo di partire per il nostro primo viaggio in Europa. All'epoca non avevamo figli, perciò potevamo permetterci di assecondare idee improvvise come quelle. Senza bambini, cani o grosse responsabilità, salimmo su un volo e visitammo chiese antiche con il passaporto nascosto sotto i vestiti per paura che i famigerati "zingari" di cui avevamo tanto sentito parlare ci derubassero. Che ingenui.

Arrivati a Firenze, scoprii l'Italia che avevo sempre sognato. Passammo le giornate a mangiare quintali di pasta, passeggiare per le strade acciottolate e pomiciare come se fosse un lavoro part-time. Trascorremmo interi pomeriggi immaginando il nostro futuro e i nomi dei nostri figli. Una delle esperienze più romantiche della mia vita.

Quando arrivammo a Venezia, qualche giorno dopo, la mia lingua iniziò a intorpidirsi.

Mi rintanai nella camera d'albergo a singhiozzare perché sapevo che la paresi stava tornando. La nostra splendida vacanza fu guastata dallo stress di cercare assistenza medica in un paese straniero. Per inciso: usare il dizionarietto inglese-italiano per spiegare a un farmacista veneziano che avevo bisogno di una benda per l'occhio rimane tuttora una delle situazioni più comiche della mia vita!

D'altro canto, avere una benda sull'occhio – e una faccia semiparalizzata – significava che eravamo sempre i primi della fila alla dogana. A volte non tutti i mali vengono per nuocere.

Essendo spiritosi per natura, io e Dave scherzavamo sui vantaggi della mia malattia. Per esempio, facevo un'imitazione fantastica di Sammy Davis Jr.! Inoltre le battute sui pirati si sprecavano. Ma arrivati a Parigi – una meta che sognavo di visitare da tutta la vita – nemmeno le battute riuscirono più a tirarmi su di morale. Mentre passeggiavamo al Campo di Marte, mi resi conto che la foto-ricordo dei miei sogni – me immortalata davanti alla Tour Eiffel – sarebbe stata per sempre un odioso promemoria di quei giorni difficili. Per quanto mi pesi ammetterlo, non mi sono mai autocommiserata tanto come in quel momento. In quella vecchia fotografia (che tra l'altro potete trovare su Google, perché, a quanto pare, non ho paura di condividere qualsiasi cosa su Internet), sono in piedi da sola davanti alla Tour Eiffel, tutta infagottata per ripararmi dal freddo. Indosso gli occhiali da sole per cercare di nascondere la benda, e siccome un eventuale sorriso sarebbe risultato sbilenco, sono serissima.

Quando tornammo a casa, il medico mi somministrò degli steroidi e mi consigliò di consultare un neurologo per accertarsi che la paralisi non fosse il sintomo di qualcosa di più grave. Una volta esclusa la possibilità di un tumore al cervello, che io già davo per scontata, i medici emisero una prognosi interessante. I due episodi di emiparesi erano scaturiti da periodi di fortissimo stress. Come molte donne, lavoravo troppo e non mi prendevo cura di me stessa. Obiettai che non poteva essere quella la causa. Dopotutto, il secondo episodio si era verificato mentre ero *in vacanza* con il mio fidanzato. A quel punto Dave mi fece notare che si trattava della prima vacanza che ci concedevamo in tre anni. Una pausa di quindici giorni dopo tre anni di settimane da sessanta ore lavorative non può bastare per rilassarsi. Per giunta stavo affrontando le fasi iniziali del lancio della mia attività, e mi tenevo costantemente impegnata, desiderosa com'ero di superare la prova. Inoltre all'epoca stavamo cercando di avere un bambino, e anche se avevo soltanto ventiquattro anni, i mesi passavano e io non rimanevo incinta. E invece di gestire quello stress, riempivo la mia agenda di impegni.

Il nostro corpo è pazzesco. È capace di fare cose incredibili. Ti dice esattamente ciò di cui ha bisogno, se sei disposta ad ascoltarlo. E se non lo sei, se cerchi di fare troppe cose senza mai prenderti una pausa, smette di funzionare per ottenere ciò che gli serve.

Più o meno tre anni fa cominciai a sviluppare le prime vertigini. Magari mi alzavo dalla sedia mentre ero alla scrivania e vedevo la stanza oscillare intorno a me. Mi girava la testa per tutto il giorno, avevo difficoltà a mettere a fuoco lo sguardo e provavo un senso di nausea pressoché costante. Per settimane pensai che probabilmente avevo bisogno di dormire di più, di bere più acqua e meno Coca-Cola Zero. Ma quando le mie condizioni peggiorarono al punto che avevo paura di guidare con i bambini in macchina, decisi di andare dal medico.

Ne consultai tantissimi.

Internisti, allergologi, otorinolaringoiatri... Nessuno riusciva a capire che cosa avessi. In fondo, mangiavo bene. Ero sana. Correvo maratone, per l'amor del cielo! Tutti erano concordi nel diagnosticare che soffrivo di vertigini, ma non riuscivano a spiegarmi il perché. Alla fine l'otorino suggerì che si trattava di un problema stagionale causato dalle mie allergie, e poiché nessun altro medico aveva un'idea migliore, la diedi per buona. «Prenda un antistaminico al giorno» mi disse. E così feci.

Ogni sera, diligentemente, ingoiavo la mia pastiglia. A volte, quando la testa mi girava come una trottola, ne buttavo giù un'altra, il che mi causava una sonnolenza tremenda, ma per lo meno attenuava le vertigini. Seguii la terapia per più di un anno, rassegnandomi al fatto che sarei rimasta un po' frastornata per tutta la vita. Non era poi così grave, mi dicevo. Significava soltanto che, anziché dare il 100 percento, d'ora in avanti avrei dovuto dare il 130 percento per compensare il fatto che non riuscivo più a lavorare con la stessa rapidità di un tempo. So che sembra un'assurdità, e me ne rendo conto anche mentre lo scrivo, ma per una perfezionista iperattiva come me aveva perfettamente senso.

Poi, circa due anni fa, sentii parlare di un omeopata specializzato nel trattamento delle vertigini. Non ero mai stata da un omeopata in vita mia, però, arrivata a quel punto, se qualcuno mi avesse detto che potevo curare la mia nausea costante facendo riti voodoo e sacrificando un pulcino, avrei preso in seria considerazione anche quella possibilità.

Mi presentai all'appuntamento cercando di non avere pregiudizi verso questo signore con la coda di cavallo, la camicia di canapa biologica e una statua di Ganesh a grandezza naturale nello studio. Parlava con il viso rivolto da un'altra parte invece di guardarmi in faccia. Gli raccontai di come mi ero ammalata e dell'impatto che i miei problemi avevano su di me, e lui mi fece un sacco di domande sulle mie emozioni, la mia infanzia e le ragioni profonde per cui mi sentivo in un determinato modo. Continuavo a chiedermi: "Sì, ma quand'è che mi prescrive una medicina? Perché siamo qui a parlare di stress? Perché ha quella piccola collezione di cristalli?". Prima di andare da lui immaginavo che gli omeopati invitassero i pazienti a smettere di assumere zuccheri o, che Dio me ne scampi, di mangiare latticini perché interferiscono con i chakra o cose simili.

Invece, dopo due ore passate ad ascoltarmi, lui mi interruppe bruscamente e annunciò alla stanza: «Basta così. Ho capito cosa c'è che non va!».

Poi mi lasciò di stucco. Mi fece notare che il primo episodio di vertigini era avvenuto in concomitanza con un periodo di forte stress lavorativo. E quando stavo male al punto da non riuscire nemmeno ad alzare la testa dal cuscino? Era perché lo stress nel frattempo era peggiorato. La volta che c'era stato un frenetico avvicendamento di personale allo Chic? Vertigini. La volta che ero così emozionata alla prospettiva di scrivere il mio primo libro sotto contratto, ma poi mi ero convinta che fosse terribile e che sarei stata licenziata e costretta a restituire l'anticipo? Vertigini. In ciascuno di quei casi le vertigini erano state una reazione dell'organismo a un problema emotivo. *Una reazione dell'organismo a un problema emotivo.*

Non sapevo nemmeno che il corpo umano potesse fare una cosa simile!

Okay, lo sapevo come lo sanno tutte le altre donne che guardano Oprah e sentono parlare di cura di sé, ma io sono cresciuta in campagna. Per il mio tredicesimo compleanno, tanto per dire, ricevetti in regalo un fucile. È vero, vivo a Los Angeles da tanti anni, ma la mia tendenza a scrollarmi i problemi di dosso con un'alzata di spalle è dura a morire. Le parole dell'omeopata furono una doccia fredda, e poiché sapevo che aveva ragione, gli chiesi subito come potessi risolvere la situazione e tornare alla normalità.

«Vada a casa e non faccia nulla» mi rispose.

«Come ha detto, scusi?»

«Vada a casa e non faccia nulla. Si rilassi, guardi la tv, rimanga a poltrire sul divano tutto il giorno. Scoprirà che il suo mondo non implode se lei smette di andare a cento all'ora. Il giorno dopo si svegli e faccia la stessa cosa.»

In verità, in verità vi dico, le sue parole mi fecero venire voglia di vomitare. Sembra assurdo – anzi, lo è – ma l'idea di non fare nulla mi fa accapponare la pelle. Anche quando sono a casa non sto mai ferma. Se non mi prendo cura dei bambini, svuoto gli armadi o mi concedo un trattamento viso fai-da-te.

«Che cosa succederebbe se lei smettesse di darsi da fare?» mi chiese il medico.

Scossi la testa, completamente in preda al panico. Mi venne in mente l'immagine di uno squalo che galleggia inerte sulla superficie dell'oceano.

"Non lo so, ma sicuramente qualcosa di brutto" fu l'unica cosa cui riuscii a pensare.

Quello fu un momento che mi cambiò la vita. Come se qualcuno mi avesse messo uno specchio davanti agli occhi per farmi vedere che non ero affatto la persona che credevo di essere. Trascorrevo le mie giornate pensando a come aiutare le donne a vivere una vita migliore, genuinamente convinta di essere qualificata a farlo perché *io* la stavo vivendo. E nel frattempo non stavo facendo la cosa più importante che una donna deve fare prima di potersi occupare di qualcun altro: prendersi cura di se stessa.

Avevo bisogno di dare una svolta drastica alla mia esistenza.

Così mi costrinsi a dedicare meno ore al lavoro. Iniziai a stare in ufficio dalle 9:30 alle 16:30 e rimasi scioccata quando scoprii che il mondo continuava a girare sul suo asse. Mi costrinsi a riposare, a sedermi e non fare niente. La cosa mi provocava parecchia ansia, così mi versavo un bicchiere di vino e mi imponevo di restare seduta. Poi iniziai a fare volontariato al rifugio per senzatetto della mia zona. Andai a un corso di hip-hop – ho scoperto di essere una frana nell'hip-hop, ma mi piace così tanto che rido come una bambina per tutta l'ora di lezione. Ho cercato la gioia. Ho cercato la tranquillità.

Ho smesso di assumere troppa caffeina. Ho giocato con i miei figli. Ho fatto tanta terapia, e poi ne ho fatta ancora un po'. Sono uscita a cena con le mie amiche. Ho passato delle serate romantiche con mio marito. Ho insegnato a me stessa a vivere giorno per giorno, a smettere di pensare ossessivamente alla conquista successiva e ad apprezzare le piccole cose quotidiane. Ho imparato a festeggiare i successi non con party strepitosi, ma con una cena a base di tacos o una bella bottiglia di vino.

Ho iniziato a riconoscere il mio duro lavoro e gli obiettivi raggiunti dalla mia azienda, e ho imparato a rilassarmi nella certezza che, se l'indomani entrambe le cose fossero sparite, me la sarei cavata comunque.

Imparare a riposare è un processo continuo. Come per qualsiasi altro atteggiamento radicato da tutta una vita, devo tuttora combattere costantemente contro l'impulso di tornare nel ruolo che ho ricoperto per tanto tempo. Dicono che il primo passo sia ammettere di avere un problema, e due anni fa l'ho fatto. Ho capito di essere una maniaca del lavoro in via di guarigione.

=> COSE CHE AIUTANO

1. **Andare in terapia.** Questo potrebbe essere il primo punto della lista per ogni tema che ho analizzato, ma in questo caso è particolarmente vero. Se non fosse stato per la mia terapeuta, non avrei mai capito la relazione tra le mie insicurezze da bambina e i miei successi da adulta. Se non fosse stato per la mia terapeuta, non mi sarei mai resa conto che la spinta alla realizzazione in realtà può avere un risvolto dannoso. Non smetterò mai di consigliare di rivolgersi a un terapeuta, e se avessi i soldi di Beyoncé, la prima cosa che farei sarebbe finanziare la psicoterapia per ogni donna che incontro. Chiedete alle vostre amiche di consigliarvi uno psicoterapeuta con cui si trovano bene, o chiedete un parere al vostro medico di base. Fidatevi.

2. **Combattere per trovare la gioia.** Impegnatevi per godervi i momenti di svago e per farvela addosso dalle risate con la stessa intensità con cui vi applicate in tutte le altre cose. Fate una passeggiata, telefonate a un'amica, bevete un bicchiere di vino, godetevi un bagno caldo e rilassante, o concedetevi un pranzo in tutta calma. Scoprirete che il lavoro sarà lì ad aspettarvi quando tornerete, e una piccola pausa può aiutarvi a ricaricare le batterie e a darvi l'energia necessaria per affrontare la lista interminabile di cose da fare.

3. **Rivedere le priorità.** Quando chiedo a una donna quali siano le sue priorità, quasi sempre me le sciorina senza problemi: figli, partner, lavoro ecc. L'ordine può cambiare, ma le voci no, più o meno sono sempre quelle. Sapete cos'altro cambia raramente, a prescindere dal numero di donne con cui mi confronto? Il

numero di coloro che inseriscono "me stessa" nella lista. Voi dovete essere *la prima* delle vostre priorità! Dormite un numero di ore sufficiente, bevete abbastanza, mangiate in modo sano? Non potete prendervi cura degli altri se non sapete prendervi cura di voi stesse. Inoltre, ricordate che uno dei modi migliori per smettere di scappare dai vostri problemi è prenderli per le corna.

Bugia n. 4

SONO MIGLIORE DI TE

Sento il bisogno di confessarlo... Mi depilo le dita dei piedi.

Ebbene sì.

A volte – non sempre, intendiamoci – mentre sono sotto la doccia mi capita di abbassare lo sguardo e di vedere i miei alluci sfoggiare peli abbastanza lunghi da farci una treccia. È imbarazzante, certo, ma basta una rapida passata di rasoio e le mie dita tornano a essere lisce come seta.

Questa non sarebbe un'ammissione tanto clamorosa da parte mia se non fosse che una volta presi in giro una mia compagna di classe perché faceva esattamente la stessa cosa. *Bleah!* A ripensarci mi sento una perfetta idiota ancora adesso, a centocinquant'anni di distanza.

E lasciate che vi dipinga un rapido ritratto di me stessa alle scuole superiori. Avevo una decina di chili in più ed ero la presidentessa del gruppo di teatro. Non ero il tipo che derideva gli altri; semmai venivo derisa. Ma ci fu un'occasione in cui mi lasciai andare a sfottere qualcuno, la prima e l'unica volta in vita mia. Forse è per questo che mi è rimasta scolpita nella mente. Forse è per questo che ancora oggi me ne vergogno.

Chiameremo questa ragazza Schmina.

In realtà si chiama Tina, ma capite bene che sto cercando di scrivere in codice.

Schmina era il tipo di ragazza che sembrava sempre molto sicura di sé. Aveva sviluppato il seno e il senso dell'umorismo anni luce prima di tutte noi, ed era popolare come io non sarei mai stata. Un giorno, quando la professoressa Jachetti, l'insegnante di inglese, ci chiese di fare un tema sulla scrittrice afroamericana Zora Neale Hurston, Schmina accennò alla propria abitudine di depilarsi le dita dei piedi. Non so perché, forse le ragazze che hanno molto successo nella loro cerchia di amiche condividono segreti di bellezza come noi comuni mortali parliamo del tempo che fa. In ogni modo, più tardi sparlai di lei a tutto spiano con la mia migliore amica. «Dai, chi si depila i piedi? Ma soprattutto, chi ha delle dita così pelose da doversele depilare? È chiaro che Schmina ha una disfunzione ghiandolare che non vuole affrontare.»

Che conversazione ridicola! La maggior parte della gente l'avrebbe rimossa, e invece ad anni di distanza continua a tormentarmi perché, mentre criticavo Schmina per la sua abitudine di depilarsi le dita dei piedi, *io facevo esattamente la stessa cosa*! Ancora oggi, giuro su Dio, ogni volta che vedo il mio alluce un po' ispido, penso a quanto fossi idiota da adolescente.

Il difetto numero uno di Rachel? Dita dei piedi pelose.

Il difetto numero due? L'ipocrisia.

Una storia che parla di dita pelose, di una ragazza presa in giro e dell'angoscia adolescenziale su cui avrei dovuto lavorare con una psicoterapeuta anni fa può apparire un tema fin troppo frivolo. D'altronde, sospetto che l'abitudine di criticare altre donne di solito si basi su qualcosa di tutt'altro che frivolo, come l'insicurezza che affligge le adolescenti.

Perché lo facciamo? Perché non possiamo fare a meno di spettegolare? Perché ci denigriamo a vicenda? È una cosa che ci fa sentire meglio con noi stesse? Ci fa sentire più sicure prendere in giro qualcuno che è uscito dai parametri per noi accettabili? Evidenziare i suoi difetti ci aiuta ad attenuare i nostri?

Certo che no. Anzi, le pietre che spesso e volentieri cerchiamo di lanciare agli altri sono quelle che sono state lanciate a noi.

Vi siete mai depilate le dita dei piedi?

E con questa domanda intendo dire: vi siete mai prese gioco di qualcuno? Avete mai puntato il dito contro una persona, ignorando le altre dita della stessa mano che indicano voi? L'abbiamo fatto tutti, certo, ma questo non significa che sia una cosa positiva. Buttare giù gli altri non eleverà voi. Riconoscere che tutte le parole – anche quelle sussurrate alle spalle – hanno un peso è il modo giusto per correggere il nostro comportamento.

Qualche settimana fa, sul mio stesso volo Los Angeles-Chicago c'era una donna che viaggiava con suo marito e i loro due figli. Il più piccolo aveva circa quattro anni ed era il bambino più maleducato che io abbia mai visto. Non appena ci siamo allontanati dal gate, ha cominciato a urlare, e le sue non erano urla di pianto o di protesta. Strillava come un pazzo perché era costretto a rimanere seduto quando invece avrebbe voluto scorrazzare in cabina. Sua madre ha dovuto trattenerlo con la forza sul sedile per almeno mezz'ora mentre lui continuava a protestare per essere liberato. È stato un incubo per tutti i passeggeri, me compresa, finché lui non ha smesso di ribellarsi. Ma poco dopo, quando mi sono alzata per andare in bagno, ho capito perché si era finalmente acquietato: gli avevano dato un bel sacchetto di caramelle gommose da succhiare per il resto del viaggio.

Be', sarò onesta con voi. Ero disgustata.

Prima di tutto, essendo io una madre severa, allevata da genitori altrettanto severi, sentendolo urlare mi ero detta: "E che diamine, no!". Per tutto il decollo non avevo fatto altro che pensare a sua madre, al fatto che avrebbe dovuto insegnargli la disciplina, porgli dei limiti, avere il supporto di suo marito, e poi vedo che ricompensa il capriccio di suo figlio, e con lo zucchero, per giunta! "Questa donna non ha la più pallida idea di come fare la madre" continuavo a pensare.

Più tardi, una volta atterrati, ho incrociato la stessa famiglia. Il bambino era scatenato: saltava su un nastro portabagagli fermo, picchiava suo fratello e correva in cerchio sotto gli sguardi basiti dei passeggeri. "Che cos'ha di sbagliato questa madre?" mi chiedevo indignata. "Perché non si fa obbedire?"

Poi l'ho vista accanto all'area di ritiro bagagli... con un'aria totalmente esausta. Guardandola davvero, ho notato che era sull'orlo delle lacrime e sembrava frastornata, anzi, completamente sopraffatta. Suo marito aveva la stessa espressione scioccata mentre il piccolo continuava a correre intorno a loro.

E a quel punto una vocina gentile mi ha detto: "Rachel, non conosci la loro storia".

Mi sono sentita così mortificata dalla mia ignoranza. Magari quel bambino aveva una disabilità che gli impediva di controllare i propri impulsi. Magari era appena stato adottato, dopo aver passato gran parte della sua infanzia sballottato da una famiglia affidataria all'altra, e dato che avevamo passato un'esperienza difficile noi stessi con l'affido e l'adozione – ci ritornerò più avanti –, avrei dovuto essere un po' più indulgente. Magari era semplicemente così, e i suoi genitori non sapevano come dargli una disciplina perché il figlio maggiore era stato facile da gestire alla stessa età. Qualunque fosse il motivo del suo comportamento, non lo saprò mai, perché invece di chiedere qualcosa a sua madre o di concederle il beneficio del dubbio, avevo emesso il mio giudizio su di lei senza neppure domandarmi cosa ci fosse dietro.

Donne che giudicano altre donne. È un tema di cui ho in mente di parlare da un po', e che ho provato a capire a fondo per poterlo spiegare bene. Vedo costantemente esempi di questo atteggiamento critico intorno a me, e quella povera mamma stanca sul volo per Chicago mi ha ricordato il mio proposito.

Quello che voglio dire è che tutti giudichiamo gli altri, ma il fatto che sia un atteggiamento generalizzato non è una buona scusa. Giudicare continua a essere uno degli impulsi più dannosi e perfidi che possediamo, poiché le sentenze che emettiamo ci impediscono di costruire una collettività più forte... o addirittura di averne una. I nostri giudizi ci precludono la possibilità di stabilire delle belle amicizie, di quelle che danno senso alla vita. Ci impediscono di stabilire connessioni a un livello più intenso e profondo perché siamo ancorati alle supposizioni superficiali che abbiamo fatto.

Ebbene, questa tendenza a sputare sentenze deve proprio finire.

E così finirà anche l'impulso a competere con chiunque ci circondi.

Lasciatemi fare un esempio anche di questo. Quando seppi che alcune delle mie amiche avrebbero partecipato alla Nike Women's Half Marathon di San Francisco, ero al settimo cielo, sia perché per alcune di loro era la prima mezza maratona, sia perché avrebbe significato passare un weekend fuori casa. Mi autoinvitai senza indugio. L'idea era quella di partire il venerdì, spararsi le cinque ore di macchina che ci vogliono tra Los Angeles e San Francisco, fare un giro in città il sabato, partecipare alla gara e tornare a casa la domenica. Un momento. Cancellate tutto. *Loro* avrebbero partecipato alla gara… io sarei rimasta a bordo strada a fare il tifo mentre mi sfrecciavano davanti. Mi sembrava un'esperienza particolarmente interessante perché io stessa sono una runner, e per giunta sono piuttosto competitiva quando si tratta di correre. Mi piace mettermi alla prova. Mi piace cimentarmi in gare sempre più impegnative. Mi piace battere il mio record personale e sfidare i miei limiti. Quello che *non* mi piace – e che non avevo mai fatto prima, in realtà – è gioire per gli altri quando fanno qualcosa che sarei perfettamente in grado di fare anch'io. In quell'occasione continuavo a pensare: "E se questa volta non avessi bisogno di mettermi alla prova? E se migliorare me stessa comportasse essere di aiuto piuttosto che competere?".

Così andai a San Francisco. O meglio, accompagnai in auto le mie amiche, perché, mettendomi nei loro panni, mi resi conto che l'ultima cosa che avrei voluto fare, se avessi dovuto correre una mezza maratona di lì a qualche giorno, sarebbe stato guidare per seicentocinquanta chilometri.

Eppure, nonostante io abbia fatto tutto questo e mi sia divertita come una pazza in compagnia, non mantenni sempre un atteggiamento positivo verso il ruolo di supporto che avrei ricoperto. La domenica mattina, mentre le mie amiche si schieravano di buon'ora sulla linea di partenza, io mi avviavo nella direzione opposta, verso la segnalazione degli otto chilometri. Una ventina di minuti dopo mi resi conto che era improbabile trovare un taxi alle sei della domenica mattina e che camminare da sola al buio in quella zona avrebbe potuto essere una delle cose più stupide che avessi mai fatto. "Vedi?" pensai, a buon diritto, a un certo punto. "Ecco cosa succede quando provi a fare qualcosa di carino per gli altri: vieni uccisa per strada in una città sconosciuta!"

Sì, posso diventare piuttosto melodrammatica quando temo per la mia incolumità e non ho nemmeno bevuto un caffè.

In ogni modo, a quel punto decisi di fare dietrofront e di dirigermi verso la linea del traguardo, perché andare lì a piedi mi sembrava più sicuro che raggiungere la tappa intermedia. Scoprii poi che arrivare al traguardo significava salire e scendere circa trentadue colline più alte di alcune delle montagne che conosco.

Arrivata a destinazione, ero sudata e irritabile, brontolavo sottovoce per le traversie che avevo dovuto sopportare e mi chiedevo perché diamine avessi accettato di farlo.

Poi vidi per la prima volta una top runner.

Le top runner sono quelle extraterrestri in grado di correre una maratona in qualcosa come cinque minuti. Somigliano a ghepardi o gazzelle, e guardarle mentre sfrecciano lungo il tracciato di gara è un'esperienza mozzafiato. Avendo corso la mia prima maratona con una media di 12,5 minuti al chilometro (contro i 6-7 minuti delle top runner), ero totalmente incantata dalle loro performance. Poiché in gara sono sempre molto più indietro rispetto a queste atlete, non ero mai riuscita prima a vederne una in azione, ma ora, mentre me ne stavo lì a guardarle sfilare davanti a me una dopo l'altra, mi sentii davvero fortunata. Per le due ore e mezza che seguirono rimasi ferma in quel punto esatto a incitare gente che non conoscevo nemmeno. Applaudii senza sosta (sfoderando finalmente le mie abilità da figlia di un predicatore!), gridai fino a farmi bruciare la gola, urlai tutte le frasi che mi danno la carica quando le sento da bordocampo durante una gara.

«Sei fortissima!»

«Ci sei quasi!»

«Puoi farcela!»

E infine, un incitamento che non ho mai sentito ma che mi ripeto sempre quando il gioco si fa duro. Lo urlai a ripetizione ogni volta che vedevo qualcuna in procinto di crollare: «Hai superato cose peggiori di questa. Non mollare proprio adesso!».

Fu proprio a quel punto che vidi le mie amiche Katie e Brittany spuntare all'orizzonte, nella loro prima mezza maratona. Abbiamo una foto di quel momento: io che urlo come una pazza, cercando di frenare l'istinto di buttarmi oltre la transenna e riempirle di abbracci. Ero così orgogliosa di loro che ridevo e piangevo al tempo stesso, quasi che il loro traguardo in qualche modo fosse il mio. Trascinata dall'euforia, mi misi a correre insieme a loro fuori dal tracciato, pensando: "Immagina cosa ti saresti persa oggi se non fossi stata qui con loro".

Non avrei mai visto le top runner. Non sarei stata presente quando la mia amica Hannah stabilì il suo record personale (ventun chilometri in meno di due ore!). Non avrei avuto il privilegio di stare accanto a Joy che, dopo aver terminato la gara, fece sfigurare il mio tifo urlando più forte di tutti per incoraggiare le altre partecipanti. Non avrei potuto abbracciare Katie e Brittany. Non avrei visto nulla di tutto ciò. Avrei corso un'altra mezza maratona come avevo fatto decine di volte prima, e non mi sarei portata a casa niente di quell'esperienza, tranne un pizzico di orgoglio in più e la banana per riprendere le energie a fine gara.

Il primo passo per superare il desiderio di giudicare e competere è ammettere che nessuno ne è immune. Alcuni giudicano attraverso piccoli gesti: alzando gli occhi al cielo davanti all'abbigliamento di qualcuno, corrugando la fronte per la maleducazione di un bambino in un negozio o facendo congetture su una mamma che ha un'espressione seria, indossa un tailleur tutti i giorni e sembra sempre rigida e preoccupata. Per altri, giudicare diventa più pesante: rimproverare la sorella minore perché ha un punto di vista diverso dal proprio, spettegolare senza pietà, aprire i social network e scrivere cattiverie a persone che nemmeno si conoscono semplicemente perché hanno superato i limiti di ciò che si ritiene accettabile.

Il passo successivo è capire che solo perché crediamo una cosa, non significa che sia vera per tutti. In moltissimi casi il giudizio deriva dalla convinzione di aver capito tutto nella vita, al contrario degli altri. Giudicare ci fa sentire più sicuri delle nostre scelte. La fede è uno degli esempi più diffusi di questo atteggiamento. Stabiliamo che la nostra religione è giusta e che quindi qualsiasi altro credo debba essere sbagliato. Eppure all'interno della stessa religione, o perfino della stessa chiesa, le persone si accusano a vicenda di non essere il modello corretto di cristiano, cattolico, mormone o jedi. Non conosco il principio fondamentale della vostra fede, ma il mio è: "Ama il prossimo tuo". Non: "Ama il prossimo tuo, se ti somiglia, si comporta come te e la pensa come te". Non: "Ama il prossimo tuo, a patto che indossi i vestiti giusti e dica le cose giuste".

Amalo e basta.

Sì, credo anche nell'importanza di riconoscere le responsabilità reciproche, all'interno di una comunità e di una relazione. La responsabilità reciproca proviene da un bellissimo luogo nel cuore dell'amicizia che ci spinge a sederci insieme a un'amica e a chiederle affettuosamente se ha guardato alle sue azioni sotto una determinata prospettiva. La responsabilità reciproca proviene da un luogo pieno d'amore. Il giudizio, invece, proviene da un luogo pieno di paura, disprezzo o perfino odio. Perciò attenzione a non mascherare i giudizi come espressione di responsabilità per sentirsi a posto con la propria coscienza.

Negli ultimi anni ho lavorato senza sosta per creare contenuti rivolti alle donne. Ho passato ore e ore cercando di immaginare esattamente cosa noi donne vogliamo nella vita. Sapete cosa vogliamo? Sapete qual è il desiderio più diffuso di chi mi parla, mi scrive email o mi chiede consiglio? Avere degli amici. Farsi degli amici. Mantenere quegli amici. Coltivare relazioni vere e di qualità. È questo che le donne desiderano di più. È questo che vogliono davvero, e allora partiamo dai fondamentali.

Partiamo insegnando a noi stesse a non avere pregiudizi. Cominciamo con un "ciao" o una stretta di mano ed evitiamo di prendere decisioni che non siano fondate sui fatti e sull'esperienza. Cerchiamo i punti in comune anziché le differenze. Ignoriamo dettagli quali i capelli, i vestiti, il peso, il colore della pelle, la religione o lo status socioeconomico. Prestiamo attenzione al carattere, al cuore, alla saggezza e all'esperienza. Già, talvolta potrebbe non essere facile, ma vi assicuro che ne varrà la pena. La vostra "tribù" è là fuori, e se ancora non l'avete trovata, vi invito a riflettere sul fatto che magari potrebbe arrivare in un involucro diverso rispetto a quello che vi aspettavate.

=> COSE CHE AIUTANO

1. **Cercare amici che non giudicano.** Spesso diventiamo il tipo di persona di cui ci circondiamo. Se i vostri amici amano fare pettegolezzi al vetriolo, scommetto che anche voi inizierete a sviluppare la stessa abitudine. Se siete alla ricerca di amiche, cercate donne che vogliono tirarsi su, anziché buttarsi giù a vicenda.

2. **Controllarsi.** Se già sappiamo di essere critiche (e, siamo oneste, la maggior parte di noi lo è), dobbiamo lavorare sodo per controllarci. Quando mi ritrovo a giudicare qualcuno, mi sforzo di fermarmi a immaginare di fargli dei complimenti. Così, imparo a guardarne il lato positivo anziché focalizzarmi su quello negativo.

3. **Accettare.** Di solito critiche e chiacchiere risalgono dal profondo pozzo delle nostre insicurezze personali. Arrivate alle radici di ciò che sta succedendo a *voi*. Che cosa vi spinge ad attaccare qualcuno? Il primo passo per diventare la versione migliore di voi stesse è essere oneste, davvero oneste, su ciò che vi infastidisce.

Bugia n. 5

AMARLO È TUTTO CIÒ DI CUI HO BISOGNO

Mi sono innamorata di lui a prima vista.

Vi sembra un'affermazione esagerata? Probabilmente sì. Non sono nemmeno sicura di esserne stata consapevole all'epoca, eppure la scena è nitida nella mia memoria.

Andai nell'atrio del mio ufficio per accogliere la persona con cui il mio capo aveva un appuntamento alle 11. C'era un uomo. Mi dava le spalle e teneva le mani in tasca. Portava a tracolla una borsa di pelle un po' malandata.

Quella borsa fu la prima cosa che notai.

Ricordo di aver pensato quanto fosse figo quel tizio che indossava un completo, ma portava una vecchia borsa di pelle invece di una valigetta.

«Mi scusi» gli dissi avvicinandomi. «È qui per l'appuntamento con Kevin?»

A questo punto nella mia mente lui si volta al rallentatore. La memoria si illumina quando vedo il suo viso per la prima volta. Mi sorride e mi porge la mano per stringere la mia. Quell'istante si dilata all'infinito, e poi, come un elastico, torna indietro con uno scatto, infine riprende ad accelerare nel tempo reale.

"È successo qualcosa" ricordo distintamente di aver pensato. Ero tanto emozionata quanto intimorita. Quell'uomo era più grande di me e totalmente fuori dalla mia portata. "Ma magari..." mi scoprii a dire tra me e me.

Da quel "magari" nacque tutto. La curiosità non mi abbandonava. Mi colse di sorpresa, facendomi rimpiangere di non aver indossato qualcosa di più carino di una gonnellona nera e una T-shirt coordinata che non mi stava nemmeno troppo bene.

Quella non era prima volta che parlavo con quell'uomo, perché chiamava spesso per consultarsi con il mio capo, ma era la prima volta che lo incontravo di persona. Non avevo idea di che aspetto avesse o, per essere più precisa, che fosse così attraente. E così, quello che era stato un rapporto di lavoro si trasformò rapidamente in qualcosa di più stimolante.

Mi preme sottolineare che in quel momento avevo *zero* esperienza con gli uomini. Ero stata assunta come stagista al primo anno di università. Quell'estate mi avevano offerto un lavoro e io avevo prontamente abbandonato gli studi per accettarlo. Avevo appena compiuto diciannove anni. A quella veneranda età avevo sbaciucchiato un paio di ragazzi al liceo, ma non avevo mai avuto una relazione vera e propria e nemmeno un appuntamento serio. Dal punto di vista professionale sarò anche stata più matura della mia età, ma quanto a relazioni sentimentali, avevo l'esperienza di un'ameba.

Il nostro rapporto si sviluppò tra email e scambi di sguardi durante le occasioni di lavoro. Per onestà forse è bene puntualizzare che giravo con la carta d'identità di mia sorella maggiore e che perciò a quegli eventi ordinavo un bicchiere di vino come chiunque altro. Dato il mio incarico, quell'uomo non si era mai domandato quanti anni avessi, e io mi ero ben guardata dal rivelarglielo.

Inoltre va detto che aveva otto anni più di me e un bagaglio di esperienze molto più ampio del mio.

Quando mi chiese di uscire, passai giorni a cercare di decidere cosa mettermi, e presentandomi a quello che era il mio primo vero appuntamento, rimasi un po' sorpresa nel vederlo vestito casual. La sua preparazione per quella serata, in confronto alla mia, era un elemento eloquente, ma lo capisco soltanto adesso, a distanza di anni.

Mentre ci dirigevamo verso un piccolo ristorante italiano, cercai di mantenere la calma, anche se dentro di me stavo impazzendo perché quello era *un appuntamento*! Ero agitatissima. Temevo che lui avrebbe cercato di prendermi la mano o baciarmi, o addirittura entrambe le cose! Non avevo idea di come gestire con garbo né l'una né l'altra situazione, e pregai con tutte le mie forze che non mi mettesse nella posizione di farlo.

Ci sedemmo al tavolo e ordinammo una bottiglia di vino.

«Spero che tu non sia una di quelle ragazze che hanno paura di mangiare quando escono con un uomo» mi disse ridendo.

Quella battuta mi infastidì. Qualsiasi tipo di ragazza fossi, non era ancora stato stabilito. In più non apprezzai il paragone con le altre, né il messaggio implicito che quello non era il *suo* primo appuntamento.

Reagii mangiando più di metà della pizza che condividevamo. Lui parlò di sé per due ore filate, ma non m'importava. Ero affascinata.

Quando mi riaccompagnò alla mia auto, temetti di sentirmi male. Ero sicura al 99 percento che avrebbe tentato di baciarmi, ed ero altrettanto sicura di non essere il tipo di ragazza che concede un bacio al primo appuntamento. Cioè, non avevo prove al riguardo, ma mi sembrava plausibile. Così, quando lanciai la borsetta sul sedile anteriore e voltandomi lo vidi sporgersi in avanti, alzai immediatamente le mani nello spazio che ci separava – una mossa davvero molto aggraziata – e urlai: «Non baciarmi!».

Lui si bloccò di colpo, una lepre abbagliata dai fari di un'auto, e ridacchiò come il protagonista sexy di qualche film.

«Veramente volevo abbracciarti» mi disse. «Ma giusto per stare tranquilli...» E mi diede una forte stretta di mano.

Fu così affascinante che volevo morire. La mia mortificazione non conosceva limiti. Misi in moto e tornai da quell'appuntamento confusa e un pochino innamorata. Ero convinta, senza ombra di dubbio, che avrei sposato quell'uomo.

Dopo aver condiviso una pizza e una bottiglia di pessimo vino rosso, ci frequentavamo ufficialmente... O, almeno, così pensavo.

Non sapevo che ci fossero delle regole da seguire.

E nemmeno che ci fosse una partita da giocare.

Poco dopo quel primo appuntamento, lui mi chiese di uscire di nuovo, stavolta per una zuppa in un ristorante esclusivo molto famoso all'epoca. Soltanto a Los Angeles puoi invitare qualcuno a un appuntamento in un locale all'ultimo grido che serve solo zuppe senza che nessuno lo trovi bizzarro.

Una settimana dopo mi chiese quando avessi finito l'università (ebbene sì, non gli avevo ancora rivelato quanti anni avessi). In un certo senso sapevo che non sarebbe stato felice della nostra differenza di età. La mia email di risposta (non eravamo ancora nell'epoca delle chat, gente) iniziava così: "Be', questo potrebbe essere interessante...".

Lui mi diede una risposta fantastica. Mi disse che ero una ragazza prodigio, e in effetti mi sentivo un po' così, visto che avevo non solo un buon lavoro, ma anche una relazione con un uomo adulto. Non l'avevo capito all'epoca, ma dall'altra parte della email, quell'*adulto* ci era rimasto malissimo.

La cosa emerse all'uscita successiva: ero troppo giovane, troppo inesperta in tutti i sensi, e lui non voleva essere il ragazzo che mi avrebbe ferito.

Mi credete se vi dico che non lo sentii nemmeno? Intendiamoci, le mie orecchie funzionavano benissimo, ma il mio cervello non riusciva proprio a elaborare l'informazione. "Come diavolo potresti ferirmi?" continuavo a pensare. "Ci sposeremo e avremo dei bambini, e sarà splendido!"

Che dire... Povero il mio piccolo cuore ignorante.

Lui oppose resistenza, però io ero determinata nel mio intento. Pensavo di essere abbastanza matura da poter gestire la situazione. Nel giro di poche settimane passai da non essere mai uscita con un ragazzo a trascorrere tutte le sere a casa sua. Giusto per essere chiari, lasciate che sia esplicita: all'epoca non avevamo ancora fatto sesso... ma, onestamente, solo in senso stretto.

So per certo di non essere la sola "brava ragazza" che, quando si è innamorata di un uomo, ha gettato dalla finestra tutti gli ideali in cui aveva creduto fino a quel momento perché nulla le importava di più che essere amata da lui.

Bene, stavamo insieme da un mese quando andammo a una festa a casa di una mia amica, e poiché ero un coniglietto tenero e ingenuo, quella sera lo presentai a tutti in questi termini: «Questo è il mio fidanzato. Hai già conosciuto il mio fidanzato? Chi è lui? Oh, è il mio *fidanzato*!».

A ripensarci mi sento sprofondare. Mi sento sprofondare anche al ricordo del giorno seguente, quando lui era chiaramente arrabbiato con me ma non voleva dirmi perché. Continuai a chiedergli spiegazioni finché mi rispose con un tono a metà tra l'infastidito e il frustrato: «Non hai mai dimostrato la tua età, invece ieri sera ce l'avevi praticamente scritta in faccia».

Ahi.

Da una parte, per molti versi aveva ragione. Mi ero sempre comportata in modo del tutto professionale sul lavoro e maturo quando uscivamo, ma in questo caso avevo infranto le regole. Ignoravo che non si potesse definire qualcuno il proprio "fidanzato" senza aver prima discusso la cosa con lui. Nella mia ingenuità, ero convinta che se un tizio aveva visto le tue tette e usciva regolarmente a cena con te, significava essere in coppia. Per essere sincera, non mi sentivo affatto in colpa per avergli mostrato le tette, perché credevo fermamente che ci saremmo sposati. Giustificavo le mie scelte pensando che facessero parte della storia più grande che ci aspettava. E nel frattempo quest'uomo non riteneva nemmeno che ci frequentassimo.

A posteriori, la Rachel di oggi capisce come stavano le cose. La Rachel diciannovenne, invece, era innamorata e insicura, perciò tendeva a perdonare le parole o i gesti che la ferivano.

È difficile per me scrivere queste cose. E per mio marito sarà difficile leggerle. Dave è totalmente diverso da quell'uomo, e non sarà affatto facile per lui scoprire – con dettagli che non gli avevo mai rivelato – quanto quel trattamento mi avesse ferito.

Ma il punto è questo: non sono né la prima né l'ultima donna che ha permesso a un uomo di trattarla male. Ritengo importante condividere la mia storia perché in questo momento qualcuna di voi potrebbe trovarsi nella stessa situazione. E, proprio come è successo a me, magari siete talmente immerse nella foresta che non riuscite a vedere gli alberi. Spero quindi che raccontare la mia esperienza possa essere utile a qualcuna di voi, che possa aiutarvi a fare scelte migliori di quelle che ho fatto io, o a vedere la vostra realtà per quella che è davvero.

Perché l'amara verità è proprio questa: ero soltanto una "trombamica".

La figlia del pastore, quella che non aveva mai avuto un appuntamento, la brava ragazza conservatrice... andava a casa di quest'uomo ogni volta che lui glielo chiedeva e fingeva di non rimanerci male se non la considerava durante il giorno.

Quando eravamo insieme, era così dolce e affettuoso che le sue premure mi davano la forza per superare i momenti in cui non mi chiamava. Nelle rare occasioni in cui mi capitava di incontrarlo in un bar e i suoi amici mi ignoravano o, peggio ancora, si riferivano a me come alla "diciannovenne" e lui non diceva nulla per zittirli, trovavo delle scuse. Ero come la ragazzina grassa che, a scuola, si prende in giro da sola prima che possano farlo gli altri: facevo finta di stare al gioco, come se *io fossi un gioco* e non valesse neanche la pena di difendermi. Quando lui flirtava con altre ragazze davanti ai miei occhi o mi invitava da qualche parte per poi ignorarmi tutta la sera, mi imponevo di fare la disinvolta. Aveva reagito male quando l'avevo presentato come il mio fidanzato, e avevo capito che se avessi di nuovo toccato l'argomento sarei stata considerata appiccicosa. Così accettavo qualsiasi briciolo di attenzione mi concedesse e, quel che è peggio, ero elettrizzata alla prospettiva di rivederlo.

Piango mentre scrivo queste parole.

Non ho pianto quando ho scritto il capitolo sulla morte di mio fratello o sulla mia infanzia dolorosa, ma questo... Questo è una ferita aperta. Mi dispiace tanto per quella ragazzina che non aveva ancora capito nulla. Mi devasta sapere che nessuno l'aveva preparata alla vita o le aveva insegnato ad amare se stessa in modo da non essere così desiderosa di elemosinare scampoli di attenzione da qualcun altro. Mi rattrista che l'abbia dovuto capire da sola. E sono delusa perché le ci è voluto tanto tempo per farlo.

Ho impiegato un anno – un intero anno passato ad assecondarlo ripetendo "qualsiasi cosa tu voglia", "qualsiasi cosa ti serva", "qualsiasi cosa ritieni sia meglio" – un anno in cui ho provato di tutto, ho provato a *essere* tutto ciò che lui voleva. Premurosa ma non appiccicosa. Carina senza fare la fatalona. Spiritosa, brillante e disinvolta. Gentile con i suoi amici anche se mi trattavano malissimo. Amorevole e sollecita quando mi voleva accanto a sé, e pazienza se non era lui a chiamare per primo.

Verso la fine dell'anno, quando lui fu costretto a trasferirsi in un altro stato per lavoro e la nostra già fragile relazione rischiava di chiudersi, la mia verginità si trasformò da tecnica a inesistente. Era la mia ultima risorsa per tenerlo stretto a me.

Non funzionò.

Due mesi dopo essersi trasferito, tornò il tempo sufficiente a chiudere la nostra relazione. Disse che voleva un taglio netto. Voleva avere la possibilità di mettere radici nella sua nuova città. Ci teneva a me, ma sapeva che non avrebbe funzionato. Saremmo comunque rimasti amici, disse.

Quella scena mi è rimasta scolpita nella memoria, anche se non amo ricordarla nei dettagli perché è stata straziante. Seduta in mezzo al letto, su un piumino Ikea rosa e arancione, piangevo. Il solo pensiero mi fa chinare la testa e mette in ginocchio il mio cuore. Può darsi che leggendo questo capitolo proviate rabbia per come mi trattava quell'uomo o per la situazione in cui mi ero messa, ma io non vedevo nulla di tutto ciò.

Non avevo un briciolo di amor proprio.

Seduta su quel piumino dai colori sgargianti, invece di dimostrargli che avevo carattere, lo implorai di non lasciarmi.

Lui mi lasciò comunque.

Quella sera piansi fino a crollare dal sonno.

La mattina dopo salii in macchina e raggiunsi la mia città natale per trascorrere il giorno del Ringraziamento con la mia famiglia. Quella giornata fu terribile: tante zie premurose e tante conversazioni imbarazzanti appena dopo essere stata scaricata.

Quando quella sera risalii in macchina per tornare a casa, mi accorsi di avere un messaggio in segreteria. Una parte di me sapeva che lui mi avrebbe chiamata: era la routine, dopotutto. Lui faceva qualcosa che mi feriva, io lo accettavo e aspettavo la sua telefonata per vedere se voleva dare un'altra chance al nostro rapporto.

Mi trattenni dal sentire quel messaggio per le due ore del tragitto di ritorno. Poi composi il numero della segreteria telefonica e rimasi immobile in ascolto. Lui era preoccupato e voleva sapere se stavo bene.

Fu un momento di rivelazione nella mia vita. Vidi le cose con una chiarezza assoluta che non avevo e non avrei mai più sperimentato. Là, nel mio squallido appartamentino di Hollywood, visualizzai la nostra relazione come una mappa dispiegata davanti a me. C'era il posto in cui ci eravamo scambiati il primo bacio. La deviazione quando non ci eravamo parlati per due settimane dopo che avevo osato presentarlo come il mio fidanzato. La serata in cui lui aveva fatto il cretino con le sue colleghe più carine davanti ai miei occhi. Il giorno in cui lo avevo sentito pronunciare queste testuali parole: «Non stiamo insieme, ma non è che *non* stiamo insieme». Vidi quella frase e altre assurdità simili disseminate come mine sul terreno. C'era anche la prima volta in cui mi aveva telefonato chiedendomi di raggiungerlo dopo essersi ubriacato in un bar dove non mi aveva neppure invitato.

Dopo un anno passato a guardare solo i lati positivi della nostra relazione, per la prima volta mi costrinsi a vedere come stavano realmente le cose.

«Chi sei?» chiesi alla mia stanza vuota.

Ma non era la domanda giusta da fare. Il problema non era tanto chi fossi, quanto piuttosto chi fossi diventata e perché l'avessi permesso.

Potrebbe sorprendervi, ma non biasimo quell'uomo per ciò che era successo quell'anno. Pur essendo un adulto, aveva a sua volta un bagaglio emotivo. Era giovane e immaturo, a suo modo. Inoltre, le persone ci trattano con più o meno rispetto nella misura in cui *noi* glielo consentiamo, e la nostra relazione diventò disfunzionale la prima volta in cui lui mi trattò male e io lo accettai.

Lo richiamai, esattamente come avevo fatto centinaia di volte. Ma stavolta ero calmissima. Non ero ansiosa di sapere cosa pensava, né entusiasta di parlare con lui. Appena rispose, mi subissò di domande su come stessi e se mi fossi divertita con la mia famiglia, quasi fossimo vecchi amici che si aggiornavano sulle rispettive vite e lui non mi avesse fatto a pezzi il cuore il giorno prima.

«Ehi» lo interruppi.

Lui si zittì. Mi piace credere che ci fosse qualcosa nel mio tono di voce che lo spinse a rimanere in silenzio, ma forse si sentì semplicemente preso alla sprovvista perché non lo avevo mai interrotto prima.

Con calma e senza fare scenate gli dissi: «Ho chiuso con questa storia. Ho chiuso con te. Non chiamarmi mai più».

Non era una richiesta di attenzioni, né un tentativo di farmi desiderare; ero convinta di ogni singola parola.

«Perché?» mi domandò con il respiro strozzato in gola.

«Perché non mi merito di essere trattata così. Perché non posso continuare con questo tira e molla. Perché non mi piace la persona che sono diventata... Ma soprattutto perché hai detto che eravamo amici. Per tutto questo tempo, nonostante quello che succedeva, mi dicevi che ero tua amica. E io non voglio essere tua amica, se è così che tratti le persone cui tieni.»

Pensavo quelle parole con ogni fibra del mio essere. Riagganciai e spensi il telefono. Mi lavai i denti, mi infilai il pigiama e andai a letto. Scivolai sotto il mio piumino rosa e mi addormentai senza lacrime e serena per la prima volta dopo mesi. Ricordo quella serata come la prima volta in cui mi sentii una donna adulta.

Mi svegliai perché qualcuno bussava alla porta.

Questa è la parte più bella della storia. Una scena che sembra tratta da una commedia romantica o da un romanzo rosa.

Mi alzai e trovai mio marito sulla soglia di casa.

L'uomo che mi aveva trattata male, che mi aveva preso in giro e che non riusciva a fare chiarezza dentro di sé si perse da qualche parte tra la casa dei suoi genitori e il mio appartamento, la sera del Ringraziamento. So che sembra inverosimile, ma è successo davvero. Ricordo ogni istante della nostra relazione collocandolo *prima* o *dopo* quel momento: la nostra storia d'amore è nata una seconda volta.

Ed è tuttora una storia d'amore. La nostra relazione è il dono più grande che mi abbia fatto la vita. Dave è il mio migliore amico, la prima persona che si sia mai realmente presa cura di me, e io ho avuto l'onore di vederlo crescere e trasformarsi in un marito, un padre e un compagno di vita meraviglioso.

Ma, come tutte le storie, nemmeno la nostra è perfetta.

Sono pochissime le strade verso l'amore facili da percorrere, e la nostra non ha fatto eccezione. Ma anche se il nostro viaggio non è stato facile, i quattordici anni passati dopo quel primo anno disastroso hanno surclassato di gran lunga gli errori che entrambi abbiamo commesso. È importante per me raccontare questa storia perché è la nostra. Mio marito è così coraggioso e umile da accettare che io la doni al mondo nella speranza che possa servire a qualcuno. Intendiamoci, non credo sia questo il modo in cui tipicamente si svolge una storia d'amore.

Aprire la porta quella sera e trovare Dave nel portico che mi implorava di dargli un'altra possibilità mi sembrò un momento speciale perché in effetti *era* speciale. Ma nella maggior parte dei casi è molto più probabile che finché permetti a una persona di trattarti male, questa continuerà a farlo. Se non riesci ad avere stima di te stessa, non lo farà nessun altro.

Ero indecisa se raccontarvi il finale perché non vorrei che lo usaste come una scusa per rimanere invischiate in una relazione malata nella speranza che diventi sana. La nostra storia è finita bene, ma questo non sarebbe successo se io non fossi stata disposta a troncarla. Quella sera nella mia stanza avevo raggiunto il punto in cui non potevo vivere un giorno di più senza dignità. Non potevo stare con un partner che non riconosceva il mio valore come persona. A volte decidere di mettere fine a un rapporto, anche se significa spezzarti il cuore, può essere l'atto d'amore verso te stessa più grande a tua disposizione.

Che altro posso dirvi? Quale intuizione, perla di saggezza o speranza mi auguro possiate ricavare da questo capitolo? Spero che la mia storia possa fungere da specchio per voi. Spero che usciate dal folto degli alberi abbastanza a lungo da vedere la foresta per quello che è. Spero che chi di voi ha vissuto qualcosa di simile e continua a nutrire sensi di colpa anche a distanza di tempo capisca che non è da sola.

Tantissime donne hanno commesso errori o fatto cose di cui si pentono, o sono diventate versioni di sé di cui non vanno fiere. Ma altrettante donne sono sopravvissute e ne sono uscite più forti di prima proprio per questo. Ogni giorno potete scegliere chi essere e cosa credere di voi stesse, e stabilire lo standard per le relazioni della vostra vita. Ogni giorno è un'opportunità per ricominciare daccapo.

=> COSE CHE MI AVREBBERO POTUTO AIUTARE...

1. **Un buon ascoltatore.** Mentre affrontavo quel periodo difficile, non avevo amici stretti o punti di riferimento che potessero consigliarmi, ma credo che, se avessi potuto parlare con qualche saggio, mi sarei accorta prima di quanto fosse malata la mia relazione. Fate attenzione se l'unica voce che vi guida è la vostra. Quando siamo innamorate è facile che la nostra capacità di giudizio sia offuscata.

2. **Essere preparata.** Quando i miei figli saranno abbastanza grandi, racconterò loro questa storia. So che non farà apparire i loro genitori nella luce migliore, ma voglio che ne ricavino una lezione. Se fossi stata meno ingenua e avessi saputo di più sull'autostima, probabilmente avrei subito visto la nostra relazione per quella che era.

3. **Mettersi nei panni di qualcun altro.** Se vi chiedessero di raccontare la storia della vostra relazione, ci sarebbero più momenti positivi o negativi? Se a un amico o a uno sconosciuto spiegassi nel dettaglio tutte le cose che mi stanno ferendo, immagino che non potrebbe fare a meno di scuotermi le spalle fino a farmi sbattere i denti. Immaginate che una persona vi descriva la vostra storia. Direbbe che la relazione è sana? Se la risposta fosse no, o se voi stesse nutriste dei dubbi, vi prego, analizzate attentamente il vostro rapporto.

Bugia n. 6

NO È LA RISPOSTA DEFINITIVA

Quando mi viene chiesto di partecipare a una conferenza come relatore, di solito ho un certo margine di scelta sull'argomento da trattare. Può essere il lavoro, la vita o un'area di competenza più circoscritta, per esempio l'organizzazione di eventi. Ma la cosa che accomuna la maggior parte dei miei discorsi – il tema in cui mi ritengo una vera esperta – è la gestione dei no. Sul serio, mi è stato detto di no in così tanti modi e da così tante persone che a volte mi sembra quasi che sia la vita stessa a dirmi di no. Sono un'esperta di rifiuti. Anzi, per essere più precisi, sono un'esperta nel rimettermi in piedi dopo un rifiuto e nel combattere per raggiungere il mio obiettivo.

Se c'è una cosa che spero di regalarvi con la lettura di questo libro, è la consapevolezza che "no" è una risposta solo nella misura in cui la accettiamo come tale. Perciò permettetemi di usare un capitolo per fomentarvi un po'. Voglio che siate così cariche da scoppiare. Voglio che rimaniate sveglie fino all'una di notte per scrivere lunghi elenchi di sogni e progetti ambiziosi. Avete presente quelle notti in cui siete così eccitate che non riuscite a spegnere il cervello e siete costrette a prendere un sonnifero per addormentarvi?

Sì!

Voglio che queste parole vi accendano fino a quel punto. Spero che un po' del mio entusiasmo vi contagi – cosa che, ve lo garantisco, sarebbe più semplice se vi facessi questo discorso di persona – ma vi prometto di usare tanti corsivi per dare *enfasi* mentre vi racconto del ruolo che la parola "no" ha avuto nella mia vita.

Ho atteso anni per avere l'opportunità di spiegare il mio rapporto con il rifiuto. Una vita intera, probabilmente.

Circa sei anni fa la rivista *Inc. Magazine* mi inserì nella lista dei trenta migliori imprenditori sotto i trent'anni. *Oh là là!*

Fu un onore immenso (mi sembra evidente, visto che ne parlo ancora adesso), ma la cosa davvero interessante che la maggior parte della gente non sa è che quando ti viene assegnato un titolo prestigioso come quello, quasi immediatamente inizi a guadagnare centinaia di milioni di dollari all'anno.

Sto scherzando!

No, in realtà succede che qualsiasi università nel raggio di centocinquanta chilometri inizia a chiamarti per proporti di andare a parlare ai suoi studenti. Poiché non ho mai smesso di parlare dal momento in cui ho imparato a farlo, naturalmente accettavo ogni singola richiesta.

Ciascun incontro durava all'incirca un'ora, ripartita in trenta minuti di discorso sulla mia carriera e la mia azienda e trenta minuti di domande e risposte. Dopo un po' avevo sviluppato l'abilità di cronometrare quasi alla perfezione il momento in cui avrei sentito la fatidica domanda, che immancabilmente iniziava con un disinvolto: «Ciao, Rachel» (a quanto pare, adesso gli adulti si chiamano con il nome di battesimo, come se fossimo tutti hippie) e proseguiva con: «Puoi svelarci il segreto del tuo successo? Cioè, qual è la cosa che ti dà un vantaggio sugli altri?».

Innanzitutto – benedetta gioventù! – queste anime ingenue erano convinte che una vita passata ad affannarsi e lavorare e sudare e stressarsi e costruire, costruire, costruire una società potesse essere riassunta in un'unica risposta.

Ciononostante, ci provavo.

All'inizio, quando mi rivolgevano questa domanda, davo risposte generiche: lavorare duro, metterci dedizione, rendersi indispensabili, *bla bla bla*. Ma più università frequentavo, più mi rendevo conto che quella curiosità sarebbe stata una costante, così decisi che avrei fatto meglio ad approfondire la questione. E iniziai a farmi delle domande io stessa.

Che cosa mi aveva portato a creare un'enorme piattaforma online e ad avere tutto quel seguito? Com'era arrivata la possibilità di scrivere libri e di partecipare a programmi televisivi? Perché stavo di fronte a tutti quegli studenti per rispondere alle loro domande? Perché proprio io e non qualcun altro?

Credo che il punto più facile da cui partire siano le conoscenze della mia famiglia.

Dopo essermi laureata a Yale, e poi alla Harvard Business School, ho iniziato a lavorare nell'industria petrolifera di famiglia. In seguito sono diventata managing partner dei Texas Ranger, per poi essere eletta governatrice dello stesso stato, e poi... Be', quasi tutti sanno che mio padre era un ex presidente degli Stati Uniti, perciò quando ho deciso di candidarmi alle elezioni presidenziali... Aspettate, no, questa non sono io. È George W. Bush!

Giusto per rinfrescarvi la memoria, io sono nata in una cittadina chiamata Weedpatch, un nome che nemmeno gli abitanti del posto considerano bello perché, ammesso che una mappa sia così generosa da citarlo, "Chiazza di erbacce" sembra un soprannome. Fatto sta che non sono certo state le conoscenze della mia famiglia il segreto del mio successo.

Scherzi a parte, dopo essermi trasferita a Los Angeles ho stretto amicizia con alcuni personaggi piuttosto influenti del mondo dello showbiz. Io e Paris Hilton siamo diventate inseparabili. Poi ho iniziato a uscire con Ray J (ve lo ricordate?), e quella frequentazione mi ha catapultato nell'Olimpo delle celebrità. Ho sfruttato l'attenzione che mi ha procurato quella relazione per conquistarmi un programma tutto mio e poi ho fatto milioni di dollari lanciando diversi tipi di prodotti. Quando Kanye West mi ha chiesto di diventare sua moglie, be'... Aspettate, accidenti, no. Quella è Kim Kardashian.

Insomma, il segreto del mio successo non è nemmeno essere una celebrità.

Tornando serie una volta per tutte, il mio successo ha molto a che vedere con questa routine: alzarmi presto la mattina, essere la persona che lavora di più in tutto lo staff, chiedere aiuto, fallire più e più volte, e impegnarmi costantemente per migliorare sia me stessa sia il mio marchio. Eppure moltissime persone fanno queste cose e non hanno il successo che ho io.

Sapete qual è il segreto, dunque? Perché, secondo me, sono io a scrivere questo libro mentre le persone che hanno cercato di fare esattamente le stesse cose non ci sono riuscite?

È semplice, in realtà.

Non c'entrano assolutamente il talento, le abilità, il denaro o le conoscenze.

Il punto è che quando queste persone hanno inseguito i loro sogni e si sono trovate di fronte a un ostacolo, quando hanno ricevuto una porta in faccia, o quando qualcuno ha detto loro di no, ebbene, queste persone… si sono rassegnate.

Io invece ce l'ho fatta perché mi sono rifiutata di accettare un "no" come risposta. Io ce l'ho fatta perché non ho mai creduto, neppure per un attimo, che i miei sogni potessero essere gestiti da qualcun altro. È questo l'aspetto incredibile dei sogni: nessuno ha il diritto di dirvi quanto possano essere grandi.

Quando si tratta dei vostri sogni, "no" non è una risposta accettabile. Non è un buon motivo per fermarvi. Al contrario, consideratela come una deviazione o un segnale di precedenza. "No" significa "immettersi con cautela". "No" ti invita a rallentare, a valutare dove sei e a considerare come la nuova posizione in cui ti trovi possa aiutarti a raggiungere più facilmente la tua meta.

In altre parole, se non riuscite a entrare dalla porta principale, provate la finestra laterale. Se la finestra è bloccata, potete sempre scivolare giù dal camino. "No" non significa fermarsi; significa semplicemente cambiare rotta in modo da arrivare comunque a destinazione.

Certo, mi rendo conto che non tutti vedono il "no" alla mia maniera. Per accendere in voi la voglia di buttarvi a capofitto nella realizzazione nei vostri desideri, forse devo prima modificare la vostra percezione del rifiuto. Farò tutto ciò che è in mio potere per portarvi a quel risultato… e inizierò con una domanda.

E se la vita non stesse succedendo *a* voi?

E se le cose difficili, le cose belle, l'amore, la gioia, la speranza, la paura, le cose strane, quelle divertenti o quelle che ti buttano così giù di morale che ti viene voglia di distenderti a terra a piangere pensando: "Come sono finita qui?" Insomma, se nulla di tutto ciò stesse succedendo a voi?

E se tutto questo stesse succedendo *per* voi?

È tutta una questione di percezione.

Percezione significa che non vediamo le cose *per quello che sono*, oggettivamente, bensì *per come siamo*, soggettivamente. Prendiamo una casa in fiamme, per esempio. Per un pompiere rappresenta un lavoro da fare, magari anche appassionante, o una missione. Per un piromane? Per lui un palazzo che arde è qualcosa di eccitante e positivo. E se invece quella fosse casa vostra? E se fosse la vostra famiglia a veder bruciare tutti i suoi beni? Quella casa in fiamme assumerebbe un significato completamente diverso.

Noi non vediamo le cose così come sono, ma attraverso la lente di ciò che pensiamo, sentiamo e crediamo. La percezione è realtà, e tengo a dirvi che la vostra realtà è influenzata molto più dalle vostre esperienze passate che da ciò che vi sta succedendo in questo momento. Se il vostro passato vi dice che niente va mai per il verso giusto, che tutto è contro di voi, e che non riuscirete mai a fare nulla, quante probabilità avrete di continuare a lottare per ciò che desiderate? D'altro canto, se smetterete di accettare un no come la fine dei giochi ogni volta che incapperete in un ostacolo, riuscirete a modificare la vostra percezione e a rimodellare in maniera sostanziale la vostra esistenza.

Ogni singolo aspetto della vostra vita – la gratitudine, il modo in cui gestite lo stress, la gentilezza verso gli altri, il grado di felicità – può cambiare con uno spostamento di percezione. Purtroppo non ho a disposizione un libro intero da dedicare a questo argomento, perciò mi concentrerò solo sui vostri sogni. Parliamo degli obiettivi che vi siete poste e di come potete aiutare voi stesse a raggiungerli.

Per farlo dovete innanzitutto ripeterli ad alta voce. Dovete gridare sogni e speranze come un giocatore sul campo. Dovete avere il coraggio di alzarvi e dire: «Questo, questo qui: è mio!».

Prima di proseguire con la lettura, prendetevi qualche istante e concentratevi su un sogno specifico. Scrivetelo su un foglio di carta. Anzi, magari scrivetene dieci. Iniziate con quelli più piccoli e continuate finché non verrà fuori quello vero. Coraggio, non vi vede nessuno. Non c'è nessuno pronto a giudicarvi.

In sottofondo: musica ambient.

Bene. Avete scritto il vostro sogno?

Fantastico! Forse per alcune di voi sarà la prima volta in cui lo ammettete con voi stesse, ma sono pronta a scommettere che la maggior parte l'ha già conosciuto, anche se non ha mai avuto il coraggio di metterlo per iscritto.

Ciao, vecchio mio.

Magari vi accompagna fin dall'infanzia, forse è qualcosa su cui state lavorando in questo momento, oppure vi ci eravate impegnate un tempo ma poi avete lasciato perdere. Comunque sia, se questo sogno è tuttora *dentro* di voi, allora è probabile che abbiate subìto un rifiuto al riguardo. Quindi la mia prima missione è cambiare il modo in cui vedete la parola "no", eliminando la paura che ne avete. La paura guida le vostre scelte e influenza le vostre decisioni, perciò bisogna toglierla di mezzo. E il modo migliore per farlo, a mio parere, è parlarne.

C'è un passo del Vangelo che recita così: «Quello che io vi dico nelle tenebre voi ditelo nella luce». Nel momento in cui le cose rimangono nascoste, nel momento in cui abbiamo paura di parlarne ad alta voce, diamo loro potere. Il buio fa crescere e inasprire queste paure che, con il tempo, diventano sempre più potenti. E se non permettiamo alle nostre paure di uscire allo scoperto, come diamine faremo a disperderle?

Perché pensate che ogni capitolo di questo libro inizi con un'affermazione di cui ero erroneamente convinta in passato? Perché voglio esortarvi a parlare apertamente delle vostre bugie. Il guaio è che solo di rado le riconosciamo come tali finché qualcuno non ce lo fa notare o le superiamo. Quando ancora non le abbiamo identificate, si travestono da cose di cui abbiamo paura. Pensateci.

Quindi lavoriamo sulla paura. Analizziamo i motivi per cui le persone rinunciano ai propri sogni. Vi riconoscete in uno di questi esempi?

Alcuni si arrendono perché una voce autorevole glielo ordina. Il termine "voce autorevole" può indicare le cose più disparate. Magari il vostro primo capo vi ha detto che non eravate adatte al lavoro dei vostri sogni e voi ci avete creduto. Magari un genitore – per amore, o timore, o prudenza, o per i suoi buoni motivi – vi ha detto di non provarci. Magari vostro marito, il vostro compagno o la vostra migliore amica avevano paura di ciò che sarebbe successo alla vostra relazione se voi foste cresciute, e così ha cercato di tenervi ancorate lì. Magari quella voce autorevole vi ha detto che non eravate "giuste". Vi ha detto che eravate troppo grasse per allenarvi alla maratona o troppo giovani per costruire un'azienda. Vi ha detto che eravate troppo vecchie per prendere lezioni di danza, o troppo vulnerabili per viaggiare da sole.

Magari quella voce autorevole è addirittura la vostra. Magari il discorso interiore negativo si ripete nella vostra stessa mente da tutta la vita. O magari è una schiera di esperti a dirvi che avete sbagliato tutto.

Ho desiderato diventare una scrittrice da che ho capito che i libri erano creati da persone reali. Come molti aspiranti autori, ho imbastito circa settantatré manoscritti senza mai portarne a termine nemmeno uno. Poi, qualche anno fa, decisi di smettere di rinunciare. "Per una volta" pensai "mi piacerebbe capire cosa si prova a finire!"

Così cominciai a lavorare sul mio libro, un testo a metà fra un romanzo storico e un viaggio nel tempo (perché non avrei potuto scriverlo nei weekend?), quando di punto in bianco fui contattata da un'agente letteraria. Okay, giusto per contestualizzare, non credo che sia stato proprio di punto in bianco. Ero una blogger di successo e mi ero costruita un seguito di fan e parecchia pubblicità come organizzatrice di eventi per le star.

Fatto sta che l'agente mi domandò se avessi mai preso in considerazione l'idea di scrivere un libro. Naturalmente iniziai a intrattenerla raccontandole del mio romanzo storico con tanto di viaggio nel tempo (in caso ve lo stiate chiedendo, è praticamente il peggior incubo di qualsiasi agente letterario, a maggior ragione se la proposta viene da un'autrice sconosciuta e senza esperienza). Per mia fortuna, questa donna – che Dio l'abbia sempre in gloria – lesse le prime venti pagine di quel disastro assoluto e una settimana dopo mi informò con molto tatto che non era esattamente il suo stile. In realtà, disse, mi aveva contattato per sapere se fossi disposta a scrivere un manuale su come si organizzano le feste. Tuttavia, poiché avevo manifestato una particolare inclinazione per la narrativa, si chiedeva se fossi interessata a scrivere un romanzo a chiave. Non avevo mai sentito quell'espressione, ma da una rapida ricerca su Google appresi che si trattava di un'opera di finzione basata sulla realtà. In genere tratta della vita di personaggi famosi, cui si cambia nome per evitare di essere denunciati. Un ottimo esempio è *Il diavolo veste Prada*. In pratica, l'agente voleva sapere se, dopo anni passati a organizzare eventi per le celebrità, avessi episodi intriganti da raccontare.

Accidenti, se ne avevo!

Non appena chiusi la telefonata, già sapevo quale storia avrei trattato. La *mia* storia. Come già sapete, mi ero trasferita a Los Angeles quand'ero una ragazzina provinciale che non aveva nemmeno l'età per bere alcolici, eppure organizzavo feste per i vip più potenti del pianeta. Ero un pesce fuor d'acqua e mi sentivo sempre in imbarazzo, ma in qualche modo mi ero costruita una carriera in quel contesto. Non avrei dovuto inventarmi nulla per scrivere il libro; avevo anni di aneddoti così piccanti che non avrei potuto inventarli nemmeno se ci avessi provato.

Scrissi dieci pagine e le inviai all'agente letteraria via email.

Due giorni dopo mi rispose: «Questo vende di sicuro!».

Un'agente letteraria... Un'agente letteraria in carne e ossa mi disse che avrebbe potuto vendere il mio libro se fossi stata disposta a terminarlo. Quasi andai fuori di testa per la felicità.

Quel progetto divenne un'ossessione. Arrivai a trascurare mio marito e i miei figli perché scrivevo come una pazza per completare la prima bozza. Continuavo a ripetere a me stessa che l'unico motivo per cui non avevo chiuso un contratto editoriale prima di allora era che non avevo mai finito un manoscritto, perciò ero convinta che quel libro fosse un segno del destino. Mi immaginavo nei minimi dettagli come sarebbe stato tenere fra le mani la copia pubblicata.

Una volta finita la stesura, la mia agente mandò il manoscritto a tutte le case editrici di New York. Le prime risposte furono gentili e incoraggianti. Gli editor scrivevano lunghe email spiegando perché il libro non faceva per loro, ma dicendo che gli era piaciuto molto. La mia convinzione che saremmo riuscite a piazzarlo non fece che aumentare quando altri tre editor chiesero una conference call per discuterne.

Mentre componevo il numero per la prima chiamata, pensavo che mi sarei fatta la pipì addosso.

Il team della casa editrice esordì dicendomi quanto apprezzassero me, la mia presenza online, il mio stile di scrittura, e così via. Elogiarono il testo definendolo "simpatico e carino"... Cose positive, per quanto ne sapevo.

«La nostra perplessità» disse l'editor «è che è troppo mieloso.»

Non avevo idea di cosa significasse, ma poiché si trattava del mio primo libro, garantii che avrei potuto lavorarci in fase di editing.

«Speravamo che fossi aperta ai cambiamenti.»

«Ma certo!» assicurai. Sarei stata aperta al sacrificio rituale se questo avesse significato vendere il mio primo libro.

«Quindi saresti d'accordo ad aggiungere un pochino di pepe?»

Be', non capivo assolutamente di cosa stessero parlando. Il mio cervello si figurò l'immagine di un filetto alla griglia da insaporire.

«Che cosa avevate in mente, di preciso?» chiesi evasiva, cercando di saperne di più.

«Sesso. C'è bisogno di sesso, Rachel. Non può esistere una ragazza sui vent'anni che vive a LA ed è ancora vergine. Nessuno crederebbe a questa storia d'amore. Ma con un po' più di pepe, potrebbe diventare un bestseller!»

Mi sto sforzando di ricordare se mi sono mai sentita più a disagio in un contesto professionale in tutta la mia vita.

Tanto per intenderci, era il periodo in cui *Cinquanta sfumature di grigio* stava per sbarcare nelle librerie, e poiché l'editoria, come qualsiasi altro settore, cavalca le tendenze di mercato, gli editor puntavano unicamente a sfruttare quel target.

Non avevo la più pallida idea di cosa rispondere. Intendiamoci, non sono una santa. Avevo anche letto libri a sfondo erotico (non ditelo a mia madre!), ma mai più avrei immaginato che mi chiedessero di *scriverne* uno. Inoltre adoravo la protagonista femminile del mio romanzo, così ingenua e innocente, ed ero convinta che fossero proprio quelle caratteristiche a renderla speciale. Quindi, più loro cercavano di convincermi ad aggiungere qualche particolare piccante al mio libro, più io mi domandavo se fossi la protagonista di uno di quei film per la tv che trattano temi sociali, in una situazione del tipo: "Ehi, Rachel, fuma questa roba e sarai nostra amica".

Declinai cortesemente l'offerta.

«Capiamo perfettamente» mi dissero. «Purtroppo, senza quell'elemento, questo libro è troppo sdolcinato per il mercato. Non lo comprerebbe nessuno.»

Ero devastata.

Le telefonate con gli altri due editori andarono esattamente nello stesso modo.

Poi, una dopo l'altra, tutte le case editrici cui avevamo inviato il manoscritto rifiutarono la nostra proposta. Era un venerdì pomeriggio quando vidi sfumare anche l'ultima possibilità. Ricordo di essermi chiusa in bagno a piangere. E sappiate che non erano lacrime delicate ed eleganti. Erano lacrime *brutte*, lacrime da "il mio sogno si è spezzato / tutti odiano il mio libro / sono una scrittrice terribile".

Non so dirvi quanto tempo rimasi seduta per terra, ma posso dirvi che alla fine mi rialzai. Mi asciugai la faccia, andai in cucina e mi versai un bicchiere di vino. Poi mi sistemai davanti a quel portatile del cavolo con cui avevo scritto quel manoscritto terribilmente puritano che non voleva nessuno e digitai su Google: "Come autopubblicare un libro".

E così nel febbraio 2014 feci uscire a mie spese *Party girl*, la storia di un'organizzatrice di eventi poco più che ventenne, ingenua, dolce – e, sì, vergine – che vive a Los Angeles.

Il primo weekend vendette cinquanta copie, di cui quarantacinque probabilmente acquistate da Dave. Ogni settimana, però, lo compravano un po' qua e un po' là, e le vendite continuavano a salire, anche grazie al passaparola dei lettori. Scoprii che il dolce temperamento della protagonista era la cosa che era piaciuta di più. Sei mesi dopo un editore mi contattò chiedendomi se poteva acquistare i diritti del libro e offrendomi un contratto per altri due romanzi, in modo da ricavarne una serie.

A oggi quel romanzo, quello che secondo tanti editori nessuno avrebbe comprato, ha venduto oltre centomila copie ed è stato il trampolino di lancio della mia carriera da scrittrice.

Ma ecco che arriva la parte più importante di tutta questa storia. Mi state seguendo?

Se avessi dato retta agli esperti, quel libro sarebbe ancora nel mio computer.

Nessuno – né una voce autorevole, né vostra madre, né il più grande esperto nel vostro campo – ha il diritto di dirvi quanto possono essere ambiziosi i vostri sogni. Possono parlare finché vogliono, certo... ma voi potete decidere se ascoltarli o meno.

Un altro motivo per cui la gente rinuncia ai propri sogni? Perché implicano un percorso troppo lungo e/o troppo difficile.

Obiettivi e sogni sono duri da realizzare, lo capisco. Raggiungerli è *molto* più faticoso di quanto si pensi. Magari state facendo progressi, un passetto alla volta, e nel frattempo una vostra amica ha ottenuto due promozioni, vostra sorella si è sposata e ha avuto due bambini, e a voi sembra di essere ancora ferme sulla linea di partenza mentre tutti gli altri vi sfrecciano accanto. Certi giorni siete così scoraggiate che avreste voglia di piangere.

Coraggio, fatelo.

Stracciatevi le vesti e maledite il Cielo. Date libero sfogo alle vostre emozioni. Poi asciugatevi gli occhi, sciacquatevi la faccia e continuate a provare. Vi sembra difficile? Be', *lo è*. E allora? Nessuno ha mai detto che sarebbe stato facile.

Siete stanche? Quante volte nella vita eravate stanche eppure avete trovato un modo per andare avanti?

E quante di voi hanno invece rinunciato a un sogno perché continuare a inseguirlo era logorante? Analogamente, quante di voi hanno affrontato un parto? Anche se non l'avete mai sperimentato, so che riuscite ad afferrare l'idea. A prescindere da come avviene, mettere al mondo un bambino (perfino tramite adozione) è emotivamente e fisicamente estenuante, eppure, non si sa come, si trova il modo per affrontarlo. Si scava a fondo alla ricerca di una forza che non si sapeva nemmeno di avere perché il processo è letteralmente questione di vita o di morte.

Non ditemi che non è nelle vostre corde desiderare qualcosa di meglio per la vostra vita. Non ditemi che dovete rinunciare perché è difficile. Anche qui è questione di vita o di morte. Qui sta la differenza tra vivere la vita che avete sempre desiderato o assistere alla morte della persona che dovevate diventare. È questo che ho provato quando ho messo da parte un sogno, anche solo per un breve periodo: mi sono sentita come a una veglia funebre. Come se fossi seduta in una stanza e stessi osservando le prove di ciò che avrei potuto essere. Sono sicura che molte di voi sanno cosa si prova, e che vogliono cambiare la situazione o addirittura evitare di finirci.

Allora dovete fare qualcosa: scavare dentro di voi e ricordare il motivo per cui avete iniziato questo percorso. È meglio che troviate la volontà di andare avanti, perché se non lo farete voi, vi garantisco che *lo farà qualcun altro*. E se succederà, vedrete qualcun altro realizzare i *vostri* sogni e godersi il bottino della battaglia combattuta con fatica. E in tal caso, ne ricaverete uno degli insegnamenti più importanti in questa vita: l'unica cosa più brutta di rinunciare è pentirsi di averlo fatto.

Vi sembra che il vostro sogno richieda troppo tempo per essere realizzato? Be', Roma non fu costruita in un giorno. Prendete James Cameron: ha lavorato su *Avatar* per quindici anni, ed è uno dei film che hanno incassato di più nella storia.

Il 3 gennaio 1870 presero avvio i lavori di costruzione del ponte di Brooklyn. Il cantiere restò aperto dieci anni, durante i quali persero la vita moltissimi operai. Eppure il ponte di Brooklyn è tuttora il simbolo di New York, e a tanti anni di distanza, trasporta quarantatré milioni di automobili ogni anno da e verso Manhattan.

Capite il succo della questione? Non esiste risultato duraturo che si possa raggiungere in fretta. L'intera eredità spirituale di una persona non si basa su un singolo momento, ma piuttosto sull'insieme delle sue esperienze. Se siete fortunate, la vostra eredità sarà una vita in costruzione.

Mi ci sono voluti tredici anni di lavoro per passare dalla società di organizzazione di eventi all'agenzia di comunicazione che gestisco attualmente, e nessuno di quegli anni è andato sprecato. Mi ci sono voluti tredici anni per acquisire le conoscenze necessarie a trattare questo argomento. Tredici anni di conferenze nelle università, riunioni fra mamme e tavole rotonde per costruirmi delle competenze abbastanza solide da tenere il discorso che ha costituito l'ispirazione di questo capitolo. Ho dovuto fallire come relatrice e fare errori su errori per imparare a parlare in pubblico in maniera efficace. Ho dovuto iniziare manoscritti schifosi che non ho mai portato a termine e poi terminarne uno che nessuno voleva comprare. Ho dovuto farmi strada a fatica nel mondo dell'editoria e dedicare anni alla promozione della mia immagine prima di trovarmi nella posizione in cui qualcuno mi ha dato l'opportunità di scrivere un libro come questo.

Ho dovuto affrontare difficoltà personali, momenti di sconforto e un rifiuto dietro l'altro, per essere qui ora a dirvi che vale la pena di lottare per il vostro sogno perché, anche se non potete avere nessuna certezza su ciò che vi riserverà la vita, potete scegliere di combattere.

L'ultimo motivo per cui mettiamo da parte i nostri sogni?

Un evento traumatico interferisce con il nostro percorso. Quando affrontiamo un divorzio, una malattia o qualcosa di molto più grave, può capitare che gli obiettivi scivolino tranquilli sullo sfondo e lì rimangano. Li abbandoniamo perché il trauma è così pesante che non riusciamo proprio a sopportare un altro fardello. Ma se i disastri possono colpirci, in tutta sincerità una parte di noi si rallegra pensando: "Bene, ora nessuno può aspettarsi nient'altro da me perché è già un miracolo che io sia ancora in piedi".

Lasciate che mi prenda un momento per dire a chi sta attraversando e combattendo un momento doloroso: è un miracolo che voi siate qui. State facendo del vostro meglio per superarlo, e questo merita rispetto. Siete guerriere che stanno affrontando prove difficili, ma non sprecate la forza che ne ricavate solo perché è stato doloroso guadagnarvela.

Quelle sono le storie più importanti da condividere.

Potete usare quella forza per tracciare una strada che gli altri possono seguire. Nei vari capitoli di questo libro ho raccontato molti degli episodi dolorosi che ho vissuto, e non è stato facile parlarne, ma ho deciso di farlo perché spero di poter aiutare chi di voi si è trovata ad affrontare situazioni simili. Ho parlato anche dei miei obiettivi e dei miei sogni, e di come mi sia imposta di raggiungerli. Ciascuno di quei sogni è servito a uno scopo nella mia vita. A volte si trattava di un piccolo cambiamento e a volte di qualcosa di più radicale, ma in ogni caso mi hanno fatto crescere. Insomma, non conta tanto l'obiettivo o il sogno che avete, conta *chi diventate* lungo il percorso verso il suo raggiungimento.

Quando una voce autorevole dice che ci state mettendo troppo tempo, che siete troppo grasse, vecchie, stanche o deboli, o che il vostro trauma è troppo grande... sapete che cosa sta facendo?

Vi sta dando il permesso di mollare.

Siete spaventate e dubitate di voi stesse, perciò se arriva qualcuno che fa commenti su ciò che stavate già mettendo in discussione, vi dite: "Ecco, è come pensavo. Ci rinuncio".

Date però un'occhiata all'elenco di sogni che avete messo nero su bianco all'inizio di questo capitolo. E ascoltatemi: *non avete il permesso di mollare!*

Io revoco quel permesso. Annullo il potere che quelle persone o quelle circostanze hanno esercitato sulla vostra vita e ve lo restituisco.

Pensate che non sia così facile? Invece lo è, eccome. È tutta questione di percezione, giusto?

In questo momento percepite ciò che vi trattiene come qualcosa di grosso, brutto e terrificante, ma quegli ostacoli sono reali soltanto nella misura in cui voi ci credete.

È tutto nelle vostre mani, ora. Tutto ciò che succede da qui in avanti dipende unicamente da voi. E questa è la parte difficile, perché ve lo dico chiaramente: a nessuno importerà mai del vostro sogno tanto quanto importa a voi. Mai.

Mi avete sentito bene?

Che vogliate perdere peso, o scrivere un libro, o apparire in tv, o viaggiare per il mondo per un ciclo di conferenze, siete voi l'assistente di volo dei vostri sogni! Magari desiderate acquistare una casa, laurearvi o salvare il vostro matrimonio. O magari gestire un negozio su Etsy, aprire una piccola attività oppure ottenere la parte principale in un musical il prossimo autunno. Qualunque cosa sia, grande o piccola, ambiziosa o modesta, *nessuno* può tenerci quanto ci tenete voi!

Anche se avete una famiglia che vi appoggia. Anche se avete gli amici più meravigliosi del mondo. Anche se il vostro compagno è un uomo estremamente positivo e incoraggiante, nonché il vostro fan numero uno... anche in quel caso, nessuno di loro desidererà mai quella cosa quanto la desiderate voi.

Non li tiene svegli la notte. Non accende la loro anima.

È il *vostro* sogno.

Il desiderio speciale che il vostro cuore ha espresso molto prima che ne foste consapevoli. Volete vederlo realizzato? Bene, allora dovete capire che nessuno può portarvelo via e che nessuno vi aiuterà a raggiungerlo. Non veramente.

Sta a voi decidere di perseguire i vostri sogni più ambiziosi. Non importa in cosa consistono, non importa se sono semplici o stravaganti. Non importa se agli altri appaiono assurdi o magari perfino troppo semplici... non importa. Sono i vostri sogni e siete autorizzate a inseguirli, non perché voi siate speciali, più talentuose o ben introdotte di altri, ma perché meritate di desiderare qualcosa in più.

Perché meritate di non lasciare che il vostro passato definisca il vostro futuro.

Iniziate oggi stesso. Iniziate ora, in questo preciso istante, e promettete a voi stesse – cavolo, promettetelo a *me* – che sognerete in grande.

Volete dare una svolta alla vostra vita?

Non la otterrete sentendovi dire di sì. Quella è la parte più facile. La otterrete non arrendendovi quando vi sentirete dire di no.

=> COSE CHE AIUTANO

1. **Audacia.** Ci vuole un bel coraggio a ignorare ciò che gli altri, perfino gli esperti, vi dicono essere la cosa giusta da fare, e credo che a tutti farebbe comodo un po' più di audacia. Con questo non intendo che dovete diventare troppo aggressive o irrispettose, ma semplicemente che non dovreste mai perdere di vista il vostro obiettivo, a prescindere da ciò che vi mette i bastoni fra le ruote.

2. **Percorsi alternativi.** Quando esorto a non rinunciare mai ai propri sogni ho sempre paura che qualcuno fraintenda la mia affermazione e la interpreti come: "Vai a tormentare le persone finché non ti danno ciò che vuoi". Questo è un approccio che non porta da nessuna parte, e lo sappiamo tutti. Usate il "no" che vi viene detto come l'indicazione a provare un percorso alternativo.

3. **Non perdere mai di vista i propri obiettivi.** È facile concentrarsi sui propri obiettivi quando si è motivati o pieni di entusiasmo per un nuovo progetto, ma diventa più difficile quando la vita interferisce con la strada più diretta per continuare a lavorarci. Quindi scrivete il vostro sogno su un foglietto e appendetelo in un posto dove sia ben visibile. Io sono una grande fan dei bigliettini che mi ricordano ogni giorno qual è il mio scopo. Attualmente all'anta del mio armadio sono appiccicati: la copertina di *Forbes* che presenta gli amministratori delegati donne di maggior successo, la foto di una casa vacanze alle Hawaii… e un ritratto di Beyoncé, *ça va sans dire*.

Bugia n. 7

NON SONO BRAVA A LETTO

C'è stato un tempo in cui ero una frana a letto.

Caspita!

Non pensavate che avrei parlato di questo argomento, vero? E invece sì. Io, una donna sposata e cristiana, sto per parlare di sesso, e spero di farlo bene.

Mio marito? Probabilmente in questo momento si starà sotterrando dalla vergogna perché vedermi scrivere di sesso è il suo incubo peggiore in assoluto.

Il mio incubo peggiore, invece, è essere inseguita da Bigfoot, quindi, caro Dave, come vedi ognuno ha la sua croce.

Ma Dave non ha nulla di cui preoccuparsi. Non ho intenzione di parlare di lui; parlerò di me… e di quanto fossi impacciata a letto. Ho deciso di affrontare questo tema spaventoso e imbarazzante a rischio di pietrificare i miei suoceri e di far venire un infarto a mia madre perché credo che sia importante. Anzi, credo che le donne non ne parlino abbastanza.

Oh, certo, ne parla tutto il mondo. Il più possibile, il più forte possibile, il più spesso possibile… ma non in termini realistici. Non in un modo che possa risultare utile per una clarinettista vergine, la cui esperienza con gli uomini quando ha incontrato il suo futuro marito era pari a quella con la caccia grossa nella savana. Il che vuol dire zero. Zero assoluto.

Le prime lezioni di educazione sessuale le ho ricevute dalle frequentatrici della chiesa (che però ne parlavano di nascosto, soprattutto da me) e dai mass media (che mostravano ideali impossibili da raggiungere). Perciò, quando arrivai al dunque, al primo rapporto sessuale, non avevo un'idea realistica di cosa aspettarmi. Il che è assurdo! Avrei voluto che prima, anche solo *una volta*, qualcuno mi avesse detto: «Ascolta, queste sono le mie esperienze. Devi sapere questo, tener presente quest'altro, e comunque, quando fai sesso le prime volte, ti conviene fare pipì subito dopo, se non vuoi beccarti una cistite!».

Sono sicura che da qualche parte una lettrice un po' avanti con gli anni è appena svenuta.

Sì, ho parlato di cistite, l'infezione delle vie urinarie. Se la cosa vi urta, passate pure al capitolo successivo, perché sto per scendere in dettagli ancora più intimi.

Sapevo pochissimo del sesso oltre a quelle poche informazioni che avevo racimolato dalla tv o dal cinema, perciò ero terribile. E non nel senso di impacciata (anche se lo ero sicuramente). Ero terribile perché mi sentivo a disagio, e facevo sentire così anche mio marito. Dopo cinque anni di matrimonio la nostra vita sessuale era pressoché inesistente. In compenso quest'anno festeggeremo quattordici anni di vita insieme e al momento la nostra intesa sessuale può definirsi leggendaria!

No, scherzi a parte. Lo facciamo più spesso rispetto alla media delle altre coppie sposate, o almeno delle coppie sposate con quattro figli e due lavori a tempo pieno. Facciamo sesso non per dovere coniugale ma perché ci piace, ci piace davvero. E se ci piace davvero, non vedo perché non dovremmo darci dentro come due scimmie urlatrici ogni volta che si presenta l'occasione.

Insomma, oggi va tutto a gonfie vele, ma ce n'è voluto di tempo per arrivare a questo punto, e vi racconterò tutto di questo percorso, nel caso vi troviate nella stessa situazione… ma anche perché non voglio che vi prendiate una cistite anche voi. Perciò statemi bene a sentire.

Come vi ho già raccontato, ho conosciuto Dave quando avevo diciannove anni e lui ne aveva ventisette. Non ero mai uscita con un ragazzo prima di allora, e quando, un paio di settimane dopo, venne fuori che ero molto più giovane di lui, fu come se un gatto obeso fosse piombato a terra davanti ai nostri occhi dalla recinzione del giardino sul retro. Una caduta violenta e sgraziata, ma non letale.

Dopo un primo anno travagliato, Dave è sempre stato il mio migliore amico. È l'essere umano che preferisco in assoluto di tutto il pianeta, e lo amo così tanto che quasi mi scoppia il cuore. Quando ci siamo sposati, mi è sembrato di toccare il cielo con un dito. Quanto al sesso, lo facevamo come conigli. E lo facevamo come conigli perché è questo che ci si aspetta da una coppia di sposini, giusto?

Quante volte riuscivamo a farlo in un giorno?

Quante volte in un'ora?

Lo facevamo sotto la pioggia, al buio, su un treno, in macchina, su un albero…

Insomma, ci siamo capiti. Facevamo tantissimo sesso.

E mi piaceva pure.

Mi piaceva perché stare vicino a lui fisicamente mi faceva sentire amata, anzi, adorata. Mi piaceva perché lo rendeva felice. Perché rendeva felici entrambi. Eravamo sposini novelli, facevamo sesso e la vita era bella.

Ma dopo i primi due anni, via via che la novità svaniva, svanì anche l'ebbrezza di questa fase da luna di miele. All'inizio il mio entusiasmo mi aveva reso audace. Con il passare del tempo, però, iniziai a sentirmi fuori posto, come se qualcuno avesse spento un interruttore. Mi avevano cresciuto per fare di me una brava ragazza cristiana. Ora avrei dovuto trasformarmi in una gattina sexy, ma non avevo idea di come fare.

Così iniziai a bere.

Quando io e Dave uscivamo insieme, bevevo quel tanto di vino che mi serviva per disinibirmi. Poi provavo a fare cose osé o a comportarmi in modo sexy, ma raramente mi divertivo tanto quanto si divertiva lui. Se ho finto che mi piacesse? Diamine, sì! È quello che ti dicono di fare, giusto? Finché non cominciò a pesarmi il fatto che non mi piaceva e che mi sentivo costretta a fare sesso anche quando non ero entusiasta all'idea.

Poi ebbi un bambino e il mio corpo cambiò. La pancia si ingrossò, cominciai a perdere latte dal seno, ed ero sempre esausta. Il sesso era quanto di meno gradevole riuscissi a immaginare, eppure continuavo a fingere che mi piacesse. Non confidai a Dave il mio stato d'animo. Ero troppo imbarazzata e insicura, e in più temevo di ferire i suoi sentimenti, così mi tenni tutto dentro. Intanto il tempo passava e la nostra vita sessuale era appesa a un filo. Quando il nostro secondo figlio iniziò a gattonare, ormai avevamo quasi smesso di avere rapporti regolarmente, e quando, uscita dalla nebbia di due gravidanze ravvicinate, decisi di chiedere conto a mio marito di quanto stava succedendo, rimasi spiazzata.

«Perché non facciamo più l'amore?» gli chiesi una sera.

Lui mi guardò come se la domanda l'avesse ferito e mi diede una risposta che non avrei voluto sentire. «Perché mi sono stancato di essere rifiutato.»

Mi misi immediatamente sulla difensiva. «Io non ti rifiuto. Dico sempre di sì.»

«Non ti opponi, Rachel, però si capisce che in realtà non ne hai voglia, ed è peggio che non farlo affatto.»

Sulle prime ebbi una reazione piuttosto seccata. Insomma, ero lì che mi sacrificavo per la coppia e lui era ferito perché non mostravo abbastanza entusiasmo. Pensandoci bene, però, capii che aveva ragione. Accettavo di fare l'amore, sì, ma ero rigida e nervosa, stanca, freddina. Accettare non significava partecipare anima e corpo. Mio marito aveva capito che non c'era trasporto, così, invece di chiedermi di fare le cose a metà, aveva semplicemente smesso di chiedermelo. Che scansafatiche!

Dicono che il primo passo per risolvere una situazione sia ammettere di avere un problema.

Ora, sono sicura che molte di voi sono perfettamente consapevoli del proprio fascino, sono maestre del sesso e hanno un centinaio di orgasmi a settimana. Buon per voi. Seriamente, siete le mie eroine! I consigli che sto per darvi probabilmente non sono adatti a voi. Quello che ho da dire vi suonerà trito e ritrito, elementare o forse perfino ingenuo. Pazienza, perché mi rivolgo a chi è come me (o come ero io).

Questi sono i passi che mi hanno portata dall'essere una frana a fare scintille a letto. Sono sette, uno per ogni giorno della settimana.

=> COSE CHE AIUTANO

1. **Ridefinire il sesso nella mente.** Per tantissimo tempo il sesso ha rappresentato un sacco di cose per me, e non tutte positive. Bene, a un certo punto ho deciso di cambiare il mio punto di vista al riguardo. Potrebbe essere diverso dal vostro o da quello delle vostre amiche, ma andando avanti ho deciso che il sesso doveva essere un'esperienza divertente, più coinvolgente rispetto a qualsiasi altra cosa stessi facendo. Fino a quel momento lo avevo messo a confronto con altre attività (leggere un libro, guardare la tv o simili), e ne era uscito sempre con un ruolo secondario. Ma se avessi ricordato a me stessa che il sesso è un'opportunità fantastica, probabilmente sarei stata portata a dargli la priorità rispetto a qualcos'altro.

2. **Capire che il sesso può essere un'esperienza travolgente.** Se siamo a disagio o non ci sentiamo abbastanza sexy, siamo nervose o timide o qualsiasi altra cosa, non ci divertiremo. E se non ci divertiremo, non faremo sesso come si deve. Così mi sono chiesta: come posso godermi di più questa esperienza? Che cosa mi trattiene? La risposta: me stessa. Poi ho condiviso con Dave i miei pensieri e le mie sensazioni. È stato sconvolgente scoprire che dopo tutti quegli anni insieme potevo essere ancora così imbarazzata a parlarne, però mi sono sforzata di farlo. Dovevamo viaggiare sulla stessa lunghezza d'onda, e l'unico modo per farlo era parlargli apertamente, senza reticenze.

3. **Leggere la *Lettera agli Ebrei* (13,4).** Parte delle mie inibizioni era legata al fatto che non riuscivo ad accettare che una brava ragazza cristiana potesse diventare

una sorta di assatanata sotto le lenzuola. E poi ho letto un passaggio della *Lettera agli Ebrei*: «Il matrimonio sia rispettato da tutti e il letto nuziale sia senza macchia». Ora, se devo essere sincera, sono sicura di non interpretare questa frase nel modo corretto. Qualche teologo mi dirà che significa tutt'altra cosa. Ma quello che leggo, o meglio, quello che capisco quando leggo quel versetto, è che tutto quello che succede nel mio letto con mio marito non può essere considerato strano né tantomeno sbagliato. Senz'altro ci sono cose che una coppia fedele e monogama può fare che possono risultare dannose. La pornografia, per esempio, è lesiva sia per chi ne fruisce sia per chi la produce, cioè per le persone usate come oggetto per appagare un desiderio altrui. Ma le altre cose? Lingerie, accessori in pelle, sex toy, giochi di ruolo, posizioni insolite, darci dentro sul tavolo della cucina, dirsi parolacce, *qualsiasi cosa*... Se vi eccita e non è dannoso, dico io, perché non provare?

4. **Accettare il proprio corpo.** Avere una scarsa opinione del proprio corpo può davvero compromettere la capacità di amare il sesso. Un tempo mi premeva avere la pancia piatta o far sì che il mio didietro fosse valorizzato da quelle determinate mutandine. Sapete cosa aveva in testa Dave quando mi toglievo i vestiti? *Tette!* Il vostro partner è elettrizzato all'idea di avervi davanti agli occhi tutta per lui, e le paranoie che vi state facendo non aiutano di certo. Ho messo in pratica un dialogo interiore positivo ripetendomi quanto fosse bello il mio fondoschiena o quanto fossi sexy. Mi sono impegnata così tanto che a un certo punto ho iniziato a crederci.

5. **Concentrarsi sul proprio orgasmo.** Okay, già solo scriverlo mi fa arrossire perché mi sto immaginando un eventuale firmacopie del libro, dove una lettrice si avvicina al mio tavolo e mi dice: «E così... ti sei concentrata sul tuo orgasmo». Ma è una cosa importante, e anche se mi imbarazza, voglio condividerla con voi. All'epoca, quando Dave e io abbiamo iniziato a fare sesso, per me l'orgasmo era solo la ciliegina sulla torta. Ma il punto è questo: un orgasmo non è *la ciliegina sulla torta*. Un orgasmo è *la torta*! Un *secondo orgasmo* può essere la ciliegina sulla torta, semmai... Ricordate quando vi ho detto che ho dovuto capire come rendere il sesso l'attività più fantastica al mondo? E quando vi ho detto che volevo desiderarlo più di qualsiasi altra cosa nella mia vita? E sapete come si fa? Con gli orgasmi! Anni fa ho deciso che mai – e proprio mai – più avrei fatto sesso senza raggiungere l'orgasmo. Quando ho rivelato a Dave le mie intenzioni, mi ha detto che era l'idea migliore che avessi mai avuto. Perché le cose stanno così: molti dei nostri partner sono entusiasti all'idea di darci piacere, e se entrambi siamo focalizzati sull'orgasmo femminile fin dall'inizio, ci arriveremo di sicuro.

6. **Capire cosa ci eccita.** Oh, certo, mi ero eccitata molte volte nella vita, ma non mi ero mai concentrata su ciò che davvero faceva per me e ciò che invece era contestuale. Scoprire che cosa mi eccita è stato fondamentale, poiché il mio orgasmo era diventato il nostro nuovo obiettivo, ed era impossibile raggiungerlo senza essere eccitata. Così abbiamo provato e riprovato finché non ho imparato a conoscere meglio me stessa e il mio corpo. (Sentitevi libere di tornare al paragrafo del "talamo nuziale senza macchia" per un elenco di idee.)

7. **Impegnarsi a fare sesso tutti i giorni per un mese.** Anni fa, quando decidemmo di dare una svolta alla nostra vita sessuale, io e Dave inaugurammo un nostro personale *Sexy September*: fare sesso tutti i giorni per l'intero mese di settembre, senza scuse. Fu abbastanza scoraggiante all'inizio, soprattutto avendo due lavori full-time e due bambini piccoli cui badare, ma il risultato finale fu fantastico! Quel mese di sesso sfrenato mi ha dato l'opportunità di sperimentare cose nuove senza alcun tipo di pressione. Inoltre, sorprendentemente, fare l'amore più spesso ci faceva venir voglia di… farlo ancora più spesso. Vi consiglio caldamente di scegliere un vostro mese sexy e di provare!

Bugia n. 8

NON SO FARE LA MAMMA

Sono stata la donna incinta peggiore del mondo. No, davvero: ho detestato praticamente qualsiasi parte della gravidanza, tranne ovviamente il bambino che sarebbe venuto al mondo.

Ho delle amiche che invece la adorano. Ebbene sì, la *adorano*, vorrebbero sfornare centinaia di frugoletti ed essere incinte per sempre. Intendiamoci: io sostengo pienamente il desiderio di rispondere alla chiamata di Madre Natura e la gioia incondizionata di racchiudere un'altra vita umana. Ma non li condivido.

Sono grata per le mie gravidanze, così incredibilmente grata che Dio mi abbia donato la capacità di dare alla luce tre splendidi bambini. Non è una cosa che do per scontata, poiché so che tantissime donne non riescono a diventare madri anche se lo desiderano profondamente. Eppure ogni singola parte della gravidanza è stata difficile per me.

La nausea mattutina si protraeva sempre nel pomeriggio, e non cessava nemmeno dopo il primo trimestre. Mettevo su chili come se fosse il mio secondo lavoro, e poi non c'era verso di perderli. Mi faceva male la schiena, avevo i piedi gonfi, e durante la prima gravidanza mi venne una vena varicosa nel posto più terribile in cui un essere umano possa averne una, il che mi costrinse a indossare della biancheria intima contenitiva a ogni gravidanza successiva. Per la cronaca: se siete curiose di scoprire il modo più semplice per mortificare una donna, vi consiglio di cercare su Internet "mutande per supporto inguinale".

Ma sto divagando.

Il punto è che sono davvero pessima nell'affrontare una gravidanza. E oltre a tutto quello che ho detto, ero perennemente oppressa da una paura implacabile.

E se mangiando la mortadella mi prendessi la listeriosi?

E se il feto che porto in grembo, piccolo come un mirtillo, avesse sviluppato una malattia rara dall'ultima volta che ho fatto l'ecografia?

E se tutti i bastoncini di pollo che ho mangiato gli facessero venire il colesterolo alto?

E se il cordone ombelicale gli si attorcigliasse intorno al collo?

E se la stanza del bambino non fosse stata abbastanza arieggiata da quando l'ho ridipinta?

E se il problema della placenta previa non si risolverà?

E se quel vodka Red Bull che ho bevuto quando ero incinta di due settimane (ma ancora non lo sapevo) gli avesse fatto male?

Ma soprattutto: e se il cordone ombelicale gli si attorcigliasse intorno al collo?

Le mie preoccupazioni dominavano su qualsiasi altra emozione e le gestivo con la dignità di un terrier geriatrico, ovvero ringhiavo a chiunque mi si avvicinasse troppo e avevo bisogno di una scaletta speciale per issarmi e scendere dal letto.

Quando arrivò il lieto evento del nostro primo bambino, ero pazza di gioia. Prima di tutto perché avrei finalmente incontrato Jackson Cage, un bimbo su cui io e Dave avevamo fantasticato e di cui avevamo scelto il nome anni prima, durante un viaggio in auto attraverso gli Stati Uniti. E poi perché finalmente sarei tornata padrona del mio corpo. Ero euforica per essere riuscita a superare il travaglio, che pensavo fosse la parte più difficile della maternità.

Ma una volta tornata a casa con Jackson in tutto il suo perfetto splendore, mi scoprii inadeguata come madre. Lo ricoprivo di un amore ossessivo, e al tempo stesso ne ero terrorizzata. Tutte le paure che avevo quando lui era ancora dentro di me all'improvviso si centuplicarono. Di notte non riuscivo a chiudere occhio perché ero sicura che il piccolo avrebbe smesso di respirare se non fossi stata accanto a lui. L'allattamento al seno fu difficile e doloroso, e il mio latte non era mai abbastanza per sfamare quel gigante che io e Dave avevamo messo al mondo. Fu necessario integrarlo con il latte in polvere, imparare a gestire il reflusso, portare Jackson al pronto soccorso nel cuore della notte quando gli venne la febbre alta a sette settimane, e tutto questo con un deficit di sonno da togliere le forze. Mio marito è sempre stato il mio migliore amico e il mio essere umano preferito sulla Terra, ma una volta ricordo di averlo guardato e di aver pensato sinceramente di detestarlo. Lo detestavo con tutta l'anima.

Mi piace raccontare alle giovani coppie sposate del periodo in cui ho detestato Dave. Mi piace perché è importante far capire loro che quel sentimento è una cosa perfettamente normale e che probabilmente ogni tanto anche loro si troveranno nella stessa situazione. Jackson aveva sei settimane – cioè il periodo in cui è più probabile che scoppi l'odio più autentico – e si svegliava ancora di notte.

È importante sottolineare la parola "ancora" perché nella mia ignoranza di giovane neomamma sprovveduta pensavo che alla fine del primo mese saremmo tornati alla normalità, diretti speditamente verso la beatitudine parentale.

Beata ingenuità!

Diventare genitori è una vera fregatura. Nelle prime due settimane ti rendi conto che è dura, ma in fondo c'è gente che ti porta piatti pronti, tua madre è ancora in città per aiutarti e tieni fra le braccia questo cherubino che ami così tanto da aver voglia di prendere a morsi quelle guanciotte paffute. Un altro paio di settimane e ti assesti in una sorta di routine da zombie. Inizi a perdere latte inzuppando i vestiti, non ti fai un bel bagno rilassante da chissà quanto e i capelli sono un disastro, ma pazienza.

Alla sesta settimana, cominci a perdere colpi.

Ti ritrovi a fare pensieri del tipo: "Perché sono così esausta?".

"Perché ho lo stesso aspetto di quando ero incinta di cinque mesi?"

"Perché passo ancora tutto il mio tempo ad allattare?"

"E chi è il delinquente che ha inventato il sistema della poppata a richiesta, anche la notte? Perché avrei proprio voglia di dargli un pugno su quella faccia da idiota che si ritrova!"

Arrivata alla sesta settimana, diciamo che ero un tantino... ehm, frustrata da tutte le cure richieste dal mio bambino. In altre parole, mi sembrava che Dave non fosse poi così collaborativo, e la responsabilità di gestire tutto da sola mi stava schiacciando. Non gli accennai nulla di tutto ciò, però. Mi limitai a tenermi tutto dentro e a spingerlo in fondo, dove non poteva disturbare nessuno. D'altronde, tutti sanno che questo è il modo migliore per gestire i problemi, no? Poi un giorno, mentre stavamo chiacchierando del più e del meno, dalla sua bocca uscì una frase che ebbe lo stesso effetto di una bomba nucleare.

«Sono stanco.»

Sissignore, disse proprio così.

Le parole erano quelle.

Il mio mondo si capovolse e i miei occhi si allargarono assumendo otto volte la loro grandezza naturale, eppure Dave non se ne accorse. Era troppo preso a parlare. «Sono esausto perché stamattina mi sono alzato presto» e bla bla bla, uno sproloquio insensato.

Conoscete la serie tv americana *Snapped*?

È una docufiction ispirata a fatti reali di cronaca nera, in cui a una donna a un certo punto scatta dentro qualcosa e fa fuori il proprio partner, o almeno ci prova.

Bene, quella donna ero io.

Mi trasformai in una psicopatica. Piangevo, ridevo, cercavo di pensare a chi avrebbe cresciuto il mio bambino se avessi strangolato Dave con il tubicino di plastica del tiralatte. Per citare una delle frasi più celebri del nostro matrimonio, urlai tra le lacrime: «Il giorno in cui ci siamo sposati non avrei mai pensato di poterti odiare come ti odio adesso!».

Non fu il mio momento migliore. Ma per fortuna mia, di Dave e di tutti gli altri esseri umani su questo pianeta, le relazioni sono piene di occasioni in cui riscattarsi.

Anche quando Jackson (e noi di conseguenza) iniziò a dormire, ero distrutta. Lo amavo con tutto il cuore, però non percepivo un reale legame con lui. Ero così terrorizzata all'idea di poter fare errori che non mi concedevo mai il lusso di rilassarmi. Ero così concentrata a far sì che la sua tutina fosse sempre immacolata che non vivevo con serenità la mia condizione di neomamma. Probabilmente ero talmente preoccupata di non deluderlo che finii per deludere me stessa.

Ed essendo così preoccupata di come saremmo dovuti *apparire* come famiglia, mi sembrava di non avere il tempo necessario per sviluppare una connessione profonda con mio figlio.

Proseguii sulla stessa scia con il mio secondogenito, Sawyer, perciò ritrovarmi madre di *due* bambini innescò una grave forma di depressione post-partum. Trascorrevo quasi tutti i giorni immaginando come sarebbe stato scappare di casa. Me ne stavo seduta ad allattare il mio neonato mentre un bambino di venti mesi scorrazzava in un salotto disseminato di giocattoli e pannolini sporchi che non avevo ancora buttato via e intanto pensavo: "Dovrei semplicemente prendere la macchina e andarmene senza guardarmi indietro. Starebbero tutti meglio senza di me".

Poiché avevo la sensazione di non essere una buona madre – l'unica cosa che, per natura, avrei dovuto saper fare – mi ero convinta di essere un fallimento. Con il senno di poi mi rendo conto che la mia percezione di questo ruolo era influenzata dalle immagini che vedevo online e sulle riviste, ma all'epoca ero troppo in debito di sonno per capire che stavo inseguendo un modello impossibile. Avevo passato così tanto tempo a preoccuparmi di non essere all'altezza di uno standard patinato da Pinterest che avevo perso completamente di vista la mia reale identità. Oh sì, quelli furono giorni davvero bui. Nelle foto di quel periodo avrò anche i capelli in ordine e perfino un velo di rossetto sulle labbra, ma anche gli occhi spiritati.

Quindi questo capitolo è dedicato alle neomamme o a chi sta per diventarlo. Ascoltate! Non è necessario che sappiate tutto. Il meccanismo per tenere vivo un neonato è piuttosto semplice: nutritelo, coccolatelo, amatelo, cambiatelo quando è bagnato, tenetelo al caldo e coccolatelo di nuovo.

In sostanza, la lista degli obiettivi quotidiani di una neomamma dovrebbe ridursi a questo:

1. prendersi cura del bambino;
2. prendersi cura di se stessa.

Fine.

Accidenti, non siete riuscite ad andare in lavanderia oggi? Date un'occhiata alla lista. Vi siete prese cura del bambino? Sì. Vi siete prese cura di voi stesse? Sì. Bene, credo che abbiate afferrato alla perfezione cosa significa essere mamma, allora. Immagino che la lavanderia possa aspettare.

Che c'è, siete tristi perché non avete ancora perso i chili messi in gravidanza? Controllate la pratica lista di due sole voci. Il bambino è ancora vivo? Perfetto. Quanto a voi, respirate ancora? Bene, pare che siate la mamma migliore del mondo. Continuate su questa strada!

Pinterest è fantastico e decorare la cameretta con i colori più adatti è metà del divertimento di diventare mamma. E che dire di Instagram? Diamine, mi capita ancora di curiosare i profili delle influencer per avere qualche dritta sull'abbigliamento più adatto per il pancione, e non sono nemmeno incinta! È normale guardare oltre noi stesse quando siamo insicure di qualcosa di nuovo, e raramente ci sentiamo così insicure come in gravidanza. Ma lasciate che vi dica una cosa, perché io l'ho capita soltanto anni dopo...

Da qualche parte una lettrice cinica starà pensando a tutti i genitori che falliscono eccome. Lo so, ci sono tantissime madri che prendono decisioni sbagliate, che fanno del male a se stesse o ai propri figli. In qualità di ex genitore affidatario, ho constatato in prima persona che ci sono bambini che soffrono per violenza e abbandono, ma quand'anche tornassero dalle loro madri, probabilmente stare con loro non sarebbe la soluzione migliore.

Però io non parlo di quelle madri. Mi rivolgo a voi. Non fatevi travolgere dall'ansia al pensiero che vostro figlio dovrebbe seguire un corretto ciclo del sonno, mangiare cibo biologico o sostenere la testolina, ormai. Mi rivolgo alla persona che legge libri e articoli in quantità e si sente oppressa da tutte le cose giuste da fare quando ce ne sono tante potenzialmente sbagliate in agguato. Il fatto stesso che voi siate così preoccupate significa che siete coinvolte, concentrate e impegnate a dare il meglio. E questo fa di voi il genitore migliore che si possa avere. Il resto si sistemerà da solo.

=> COSE CHE AIUTANO

1. **Trovare una tribù.** Trovate un gruppo di donne che sappia cosa significa essere una neomamma. Frequentate la parrocchia, iscrivetevi a un corso di yoga con il bambino o cercate un club online. La solidarietà ha un potere fortissimo. Non sapete quanto può essere confortante parlare con qualcuno che, come voi, ha la camicia sporca di vomito.

2. **Stare alla larga da Pinterest.** Per l'amor del cielo, avvicinarsi a Pinterest dopo un evento che cambia la vita dovrebbe essere proibito. Perché? Perché dà la sensazione di essersi perse qualcosa, o che la vostra vita, la cameretta del bambino o il corpo post-gravidanza dovrebbero essere come quelli su Internet. Fate attenzione a ciò che vi procura ansia o che vi spinge a mettervi in discussione. Se sono i social network, prendetevi tranquillamente una pausa. Vi giuro che li troverete ancora lì una volta che avrete recuperato un po' di sonno e vi sentirete meno fragili emotivamente.
3. **Uscire di casa.** Ogni. Singolo. Giorno. La cosa migliore che potete fare per voi stesse, la vostra salute mentale e il vostro bambino è lasciare la "scena del crimine". Allontanatevi dalla pila di piatti sporchi nel lavello e dalla pattumiera straripante di pannolini. Infilate il bambino in una fascia portabebè o in un passeggino e uscite a fare una passeggiata nel quartiere. Mettetevi le cuffie e ascoltate Beyoncé o Adele o un podcast di etica aziendale. Fate qualsiasi cosa serva a ricordarvi che esiste una vita fuori dal nido e che ne fate ancora parte.
4. **Parlare con qualcuno dei propri sentimenti.** Un metodo efficace per superare le bugie che raccontiamo a noi stesse è parlarne a voce alta con qualcuno. Che scegliamo il nostro partner, un'amica o un parente fidato, raccontare le difficoltà che stiamo affrontando può darci il supporto di cui abbiamo bisogno per vedere con chiarezza tutte le menzogne che costellano la nostra vita.

Bugia n. 9

NON SONO UNA BRAVA MADRE

Se vogliamo parlare di quanta fatica ho dovuto fare come neomamma, dobbiamo parlare anche di quanta ne ho fatta come mamma in generale. Capire cosa significa essere madre mentre cerchi di prenderti cura di un neonato è già sconvolgente… ma cosa ti accadrà dopo?

È un rompicapo emotivo di proporzioni epiche.

Mio figlio maggiore aveva sette anni quando mi spezzò il cuore davanti alle tazze della colazione.

«Sai di cosa avresti bisogno, mamma?» mi disse una mattina mentre stavo versando i cereali in una ciotola a forma di muso di bulldog.

Quando un bambino esordisce così, la conversazione potrebbe prendere qualsiasi direzione. Forse avevo bisogno di un mantello da supereroe, di una nuova spatola da cucina o di capelli rosa? Il filo dei suoi pensieri poteva andare ovunque.

«Di cosa?» lo esortai a continuare. «Di cosa ho bisogno?»

«Hai bisogno di una di quelle collane con le nostre iniziali. Sai, le iniziali dei nomi dei figli.»

All'epoca quel tipo di collane era di gran moda.

«Sì, ho capito quali intendi.»

«Dovresti comprarne una. Tutte le mamme dei miei compagni ce l'hanno» mi disse Jackson tra un boccone e l'altro. «Devi prenderne una anche tu.»

«Okay...» risposi, un po' confusa. «Ma perché dovrei?»

Lui mi sorrise, tutto contento.

«Così, finalmente, potrai essere come tutte le altre mamme.»

Finalmente.

Come tutte le altre mamme.

Una manciata di parole non dovrebbe avere il potere di distruggerti o di farti dubitare di te stessa come madre. Però quando sei già piena di insicurezze, e qualcuno – non solo tuo figlio, ma chiunque – tocca la tua corda più sensibile, non ci vuole molto per farti crollare.

Non mi ero mai curata di cosa i miei gioielli – o la loro mancanza – dicessero di me come madre, ma ero perfettamente consapevole di quanto fossi diversa dalle altre mamme che incontravo agli eventi pubblici nella scuola di Jackson. Solo che non sapevo che se n'era accorto anche lui.

Rimuginai sulla sua frase per giorni. L'allusione alla necessità di essere "come tutte le altre mamme" implicava che lui era già in grado di capire che non ero come loro. Mi vedeva diversa, e quando sei piccolo l'unica cosa che desideri è essere come tutti gli altri.

Per lui non ero come tutte le altre mamme perché lavoro... e tanto. Succede di rado che io riesca ad accompagnarlo o andare a prenderlo a scuola. Per questo mi ero impegnata a fare volontariato nella sua classe ogni due settimane, ma nemmeno quella era la soluzione ideale, perché, anche se me stavo seduta su quelle minuscole seggioline a tagliare carta e a riempire le cartelline dei compiti, non indossavo un paio di jeans o dei pantaloni comodi da yoga come gli altri genitori volontari. Portavo i tacchi alti e un blazer bianco che avrei fatto meglio a evitare nel giorno in cui bisognava modellare tende degli indiani con la plastilina marrone. (Un'altra mamma si premurò di farmelo notare.) Ero vestita così perché, una volta uscita da scuola, sarei andata direttamente a una riunione. Come succede a quasi tutte le madri che lavorano, la mia vita è un continuo destreggiarsi tra un impegno e l'altro.

A volte somiglia a un balletto perfettamente coreografato, dove riesco a svolazzare avanti e indietro fra le attività dei bambini e gli appuntamenti di lavoro; altre volte sembra il triage di un pronto soccorso, e io faccio del mio meglio per gestire le emergenze intorno a me, ma riesco a sbagliare le priorità, che sfuggono al mio controllo prima ancora che riesca a occuparmene.

All'epoca speravo che impegnarmi in progetti extra per i miei figli avrebbe compensato la differenza con le altre mamme, perciò riempivo un'agenda già fitta di impegni con la raccolta fondi per la classe, facendomi eleggere nel comitato genitori della scuola materna, o prendendomi un pomeriggio libero per assistere agli allenamenti di calcio. Pensavo che questi sforzi mi avrebbero fatto guadagnare punti con i miei figli, invece non era così. I miei figli erano piccoli e la loro memoria non andava oltre il giorno prima. Ancora oggi, a loro non importa niente se devo partire per un viaggio di lavoro, se ho una scadenza incombente per un libro o se i miei collaboratori dipendono da me per qualche decisione importante. Ai miei figli importa che ieri le madri dei loro amichetti li hanno portati al museo e io no perché stavo volando a Chicago per lavoro.

Avere dei bambini in età scolare è stressante per me. Jackson, Sawyer e Ford hanno calendari completamente diversi da gestire, e anche la piccolina ha la sua agenda. Ci sono le scartoffie burocratiche, sia quelle che si accumulano in pile enormi nelle prime due settimane di scuola, sia i fogli volanti con le autorizzazioni da firmare e i moduli di iscrizione che trovo sepolti negli zaini nel corso dell'anno scolastico. E poi ci sono i pranzi a scuola. Sono piuttosto rigida sull'alimentazione poiché seguo un criterio preciso, ma ora che i bambini sono più grandi vogliono pranzare a scuola, però solo in determinati giorni. Perciò ormai monitorare il calendario della mensa è diventato un lavoro, così come controllare che sui buoni pasto elettronici sia rimasto credito sufficiente per mangiare giovedì. Poi ci sono le gite e le recite. Le vendite di torte per beneficenza e le feste. La gestione dei turni per accompagnare i bambini avanti e indietro da scuola, e i giorni in cui escono un'ora prima, e se Jackson (che Dio lo benedica!) non me li ricordasse, probabilmente me li dimenticherei tutti. Ci sono un sacco di cose da tenere a mente, e ciò che mi stressa di più è l'idea che le altre mamme – quelle che incontro a scuola, ma anche quelle là fuori, nel mondo – siano molto più brave di me a stare dietro a tutti questi impegni.

Io sono una delle persone più organizzate che conosca, eppure, nonostante tutta la mia pianificazione, continuo a dimenticare scadenze e appuntamenti, o a ricordarli a mezzanotte la sera prima dell'ultimo giorno utile. Non importa cosa faccio, cosa preparo o per quale causa mi offro volontaria: ci sarà sempre una fantomatica "altra mamma" che se la cava meglio di me.

«Sì, mamma, puoi anche *comprare* la maglietta che ci serve per la giornata "crea la tua T-shirt", ma la mamma di Liam ha coltivato delle piante di cotone biologico, ha separato a mano il seme dalle fibre, le ha filate e tessute. La sua è una maglietta *tutta* fai-da-te.»

Non posso nemmeno provare a competere con un'impresa simile, anzi, solo pensarci mi fa impazzire.

Perciò quest'anno ho preso una decisione importante.

Ho superato l'idea di gestire la ripresa delle lezioni... o qualsiasi altra parte dell'anno scolastico, se è per questo. In alcune parti me la cavo bene. Per esempio, la nostra routine mattutina sarà anche un caos coreografato, ma non arriviamo mai in ritardo a scuola. I miei figli sono puliti, educati e prendono buoni voti (tranne quello di quattro anni). Inoltre sono bravi bambini, di quelli gentili con gli emarginati e con i tipi solitari. Certo, a casa litigano tra loro e fanno scenate da Oscar perché sono tagliati fuori dalla tecnologia, ma pazienza. Ci arrangiamo piuttosto bene – il che, secondo me, è molto meglio che fingere di essere sempre perfetti.

Perciò quest'anno magari non mi candiderò per fare volontariato in classe, ma contate pure su di me per le scorte di caramelle da distribuire alle feste. E magari non riuscirò a partecipare a tutte le gite perché, anche se questo significa passare da vera rompiscatole, detesto fare da accompagnatrice alle scolaresche. In più – tenetevi forte – è probabile che sarà una babysitter, e non io, ad andare a prendere i bambini a scuola. A proposito, sarebbe bello se ci fosse una maggiore flessibilità di orari anche per i *padri* lavoratori.

Insomma, il mio consiglio è quello di fare la madre nel modo che funziona meglio per la vostra famiglia e di passare meno tempo a preoccuparvi della percezione altrui. Possiamo smetterla di essere così severe con noi stesse e concentrarci invece sul buon lavoro che stiamo facendo, i cui risultati sono evidenti nelle splendide creature che stiamo crescendo?

Che ne dite se tutte cominciassimo il prossimo anno scolastico con il semplice obiettivo di fare del nostro meglio con dignità? Il che significa fare l'impossibile per consegnare in tempo tutti i permessi e ricordarci i vari impegni estemporanei, ma con la consapevolezza che inevitabilmente dimenticheremo qualcosa, che saremo troppo occupate per partecipare a diverse iniziative, o che non riusciremo a competere con la mamma di Liam e i suoi kit per preparare le casette di pan di zenzero non OGM. Siamo d'accordo sul fatto che essere imperfette è legittimo? La mamma di Liam è fantastica in ciò che fa, ma voi e io? Noi siamo fantastiche *a modo nostro*. Possiamo inaugurare il nuovo anno scolastico ricordandoci che stiamo aiutando i nostri figli a diventare gli adulti di domani. Il nostro impegno comporterà una vita di sforzi eroici. Un singolo giorno, o perfino una manciata di giorni senza essere una madre esemplare incideranno poco sui nostri figli. È l'*intenzione* di fare bene che li aiuterà a superare i momenti difficili. Sono le lezioni di tolleranza e aspettative realistiche, in cui insegniamo loro cosa siamo in grado di fare, che serviranno loro più avanti. Scegliete alcune cose in cui siete imbattibili come mamme, e tiratele fuori dal cilindro ogni volta che potete. Le altre cose? Concedetevi il permesso di fare il meglio possibile e la grazia di mantenere la calma nei giorni in cui mancate il bersaglio.

L'atteggiamento dei miei figli cambierà e si evolverà nel corso del tempo. Sono convinta che ciò che mi rende così diversa dagli altri ora – l'azienda che dirigo – sarà una delle cose che mi renderanno eccezionale ai loro occhi quando saranno grandi. Mi auguro solo di creare qualcosa di cui un giorno potranno essere orgogliosi. Mi auguro di essere per loro la dimostrazione di quanto è importante inseguire i propri sogni e avere spirito imprenditoriale. Mi auguro tantissime cose per il futuro… ma spesso queste non mi aiutano ad affrontare il presente.

Oggi sono impegnata con l'ennesimo viaggio di lavoro, il terzo in tre settimane. Oggi Jackson è agitato perché deve ripassare le battute in vista dell'audizione per il musical di classe, ed è difficile accettare di non essere lì ad aiutarlo, tanto più che io vado matta per i musical. Oggi Ford ha la tosse e qualche linea di febbre, e ieri, all'ora di andare a letto, è stato appiccicoso e ha fatto storie. Però io non sarò a casa per aiutare Dave a gestirlo questa sera, quando nostro figlio deciderà di stare sveglio tutta la notte come il pr di una discoteca negli anni Ottanta.

Insomma, c'è sempre qualcosa.

Qualcosa che può travolgermi e spingermi a chiedermi se non sto sbagliando tutto. L'ansia che provavo quando i miei figli erano appena nati non si è dissolta, anzi, è cresciuta come il lievito madre. L'unica differenza è che adesso sono più abile a riconoscere quella narrazione per la bugia che è. Essere una madre perfetta è un mito, ma essere una brava madre, il più delle volte, è assolutamente possibile.

Non credo esista un modo migliore di un altro di essere genitore. Anzi, credo che potrebbe essere dannoso per i nostri figli cercare di imporre gli ideali di qualcun altro riguardo al funzionamento della famiglia.

I maschietti di casa Hollis hanno una vena sarcastica che hanno ereditato dai loro genitori. Io e Dave ammiriamo il loro spiccato senso dell'umorismo e lo troviamo spassosissimo, quando invece in casa di qualcun altro il sarcasmo potrebbe essere considerato irrispettoso. Analogamente, io sono molto severa riguardo le buone maniere. Pretendo di sentirli dire "sì, mamma" e "no, papà". Pretendo che dicano "per favore" e "grazie", e se qualcuno di loro si comporta in modo inopportuno o scortese a tavola, viene invitato ad alzarsi e andarsene. Magari però in casa vostra tutta questa disciplina viene considerata un'esagerazione. Magari voi ripetete l'alfabeto a suon di rutti dopo ogni pasto e poi ridete insieme come pazzi. Se è così, benissimo. Non esiste un unico modo per essere madre.

E non esiste un unico modo per essere una famiglia. Ricordate quando ho parlato alle neomamme delle esigenze quotidiane fondamentali, ossia tenere il neonato, e voi stesse, in vita? Bene, per i bambini più grandi la lista potrebbe essere più lunga, ma l'intenzione alla base è sempre la stessa. Dovete preoccuparvi, ma preoccuparvi davvero, di crescere i figli in modo che diventino brave persone. Dovete impegnarvi *oggi* a farlo. Certi giorni ci riuscirete alla grande, mentre altri urlerete come ossesse, chiedendovi chi ha scambiato i vostri bambini con quei trovatelli maleducati.

Ed ecco una buona notizia: domani è un altro giorno. Domani conterete fino a dieci prima di perdere le staffe, e forse quelle piccole pesti mangeranno fino all'ultimo boccone della cena che avrete preparato e diranno qualcosa di così divertente che penserete: "Accidenti, chi non ha figli si perde un sacco di cose belle!". Come mamma vivrete esperienze di qualsiasi tipo, e come genitore dovrete accettare il pot-pourri di giornate buone, cattive, brutte, meravigliose, magiche e tristi. Non dovrete imbroccare sempre tutto. Non dovrete necessariamente fare quello che fanno le mamme degli altri.

Dovete prendervi cura dei vostri figli, ma anche di voi stesse.

E non potete prendervi cura dei vostri figli o insegnare loro a diventare persone integre e felici se voi per prime siete tristi e dure con voi stesse. Questo significa impegnarvi al massimo con loro. Significa chiamare i rinforzi – che possono essere gli amici, il partner, vostra madre o una babysitter – quando cominciate a dare segni di cedimento e vi serve una pausa. Significa concedervi del tempo per voi stesse, lontane da quei preziosi cherubini che vi stanno facendo impazzire. Fatevi fare una manicure, andate a correre o invitate a cena fuori una vecchia amica. Meglio ancora, organizzate un intero weekend fuori casa, se potete. Immaginate che bello sarebbe passare due intere giornate senza dover pulire nasini. Immaginate la gioia di essere chiamate con il vostro nome di battesimo! E che goduria sarebbe dormire fino a tardi? Oppure farsi fare un massaggio. O rifugiarsi in un bel posticino a fare una scorpacciata di film con Drew Barrymore ... Il mondo è nelle vostre mani!

Alla fine, tornerete a casa come nuove, di buon umore e con l'impressione di riuscire a gestire meglio capricci, urla e richieste assurde senza avere la tentazione di rinchiudervi nell'armadio.

Immaginate di iniziare a vivere la maternità senza sensi di colpa, per sempre. Immaginate di prendervi cura dei vostri figli e di voi stesse senza mettere costantemente in dubbio ogni decisione. È possibile.

Anche questa è una scelta.

Dovete però scegliere di non fare confronti. Non paragonate la vostra famiglia alle altre e non paragonate voi stesse ad altre donne o madri. Non paragonate nemmeno i vostri figli a quelli dei vostri amici, né tantomeno tra loro. Questo significa smettere di sforzarsi di migliorare come genitore? No, quando si tratta di bambini, il vostro compito è aiutarli a esprimere se stessi al meglio. Ma, vi prego, smettete di lasciare che la paura di sbagliare offuschi ogni cosa bella che fate nel modo giusto.

Anni fa sono stata costretta a fare una scelta. Accettare di essere una madre lavoratrice orgogliosa di ciò che stavo facendo, oppure smettere di lavorare per diventare una madre casalinga.

Sentirmi costantemente in colpa per le mie scelte non era giusto, né per i miei figli, né tantomeno per me. In più, non stavo dando loro il buon esempio. Volevo davvero che mi vedessero vivere inseguendo un sogno e al tempo stesso comportarmi da persona ansiosa, come se non mi meritassi quel diritto? Assolutamente no.

Un paio di anni fa, mentre cercavo di perdere i chili che avevo messo su con la seconda gravidanza, andai a conoscere la mia prima personal trainer. Era una specie di sergente maggiore, con una particolare predilezione per i *burpees* (era chiaramente in combutta con il diavolo), e più di una volta mi è capitato di dare di stomaco dopo una sessione di allenamento con lei. Che idiota.

Un giorno, mentre stavamo parlando della mia dieta (all'epoca stavo ancora combattendo la mia dipendenza dal cibo spazzatura), lei mi chiese: «Daresti mai da mangiare a tuo figlio quello che mangi tu?».

In quel periodo avevo l'abitudine di passare mezza giornata senza toccare cibo per poi rimpinzarmi di qualsiasi cosa trovassi a portata di mano. Rimasi inorridita dalla sua domanda perché investivo parecchio tempo ed energie nell'alimentazione dei miei figli. No, le risposi, certo che non avrei mai dato loro da mangiare quello che mangiavo io.

In seguito, una variante di questa domanda divenne l'àncora di salvezza che usai per evitare di cadere nel baratro di un debilitante senso di colpa materno. Avrei mai voluto che i miei figli si sentissero come me? Avrei mai voluto che inseguissero il loro desiderio più profondo, che intraprendessero la professione più appassionante per loro – genitore a tempo pieno, cosmonauta o imprenditore che fosse – salvo poi mettere costantemente in discussione ogni scelta fatta perché era diversa dagli esempi che vedevano sui social media? Oddio, la sola idea mi fa stringere il cuore. Non vorrei mai che stentassero a riconoscere il loro valore come ho fatto io. Non vorrei mai che dubitassero di se stessi al punto da vivere nell'ansia. Non vorrei mai che vedessero la loro carriera da genitori sommariamente liquidata davanti a una ciotola di cereali in una mattina qualsiasi prima di andare a scuola.

Così presi una decisione. Farò del mio meglio.

Quindi, scelgo le mie battaglie. Mi impegno al massimo con il tempo a mia disposizione e mi faccio in quattro per le cose che mi sembrano particolarmente importanti, mettendomi nei panni di un bambino di sette anni. Una volta Sawyer dichiarò che gli piacevano solo i panini che gli facevo io, così iniziai a svegliarmi presto tutti i giorni per essere io e non suo padre a preparargli il pranzo al sacco. Quando Jackson mi disse che voleva venire a correre con me, gli comprai un paio di scarpe adatte e lo portai a fare la corsa più lenta che il mondo abbia mai conosciuto. E quando mi disse che dovevo comprarmi una collana come le altre mamme… be', ne comprai una.

Nonostante la collana, ci sono comunque centinaia di motivi per cui, a differenza di altre donne, non rientro nell'immagine della mamma perfetta.

Per esempio, detesto gli sport organizzati.

Essere una mamma sportiva è una specie di medaglia al merito, giusto? Facebook e gli altri social network sono pieni di foto di mamme che incitano i propri figli da bordocampo. Magari anche i vostri figli praticano il calcio, il basket, la ginnastica o qualsiasi altra attività e voi li seguite in tutto e per tutto. La mia amica Kate di recente mi ha raccontato di aver quasi perso la voce per fare il tifo per suo figlio, tanto era entusiasta di assistere alla partita. Le voglio bene per questo: Kate è la quintessenza della mamma sportiva che non si perde una gara del proprio pargolo. Invece io non lo sono.

Amo i miei figli più di qualsiasi altra cosa su questo pianeta. Ma gli sport? *Naaa*. Gli sport non fanno per me. Per anni mi sono sentita in colpa perché ero orripilata all'idea di avere i sabati rovinati da una partita di campionato. Mi sentivo una madre orribile perché avrei dovuto desiderare di essere là a guardare mio figlio che giocava a calcio o a basket. Oh, certo, gioivo, urlavo e preparavo degli spuntini speciali per la giornata di gara, ma dentro di me – e *so* che verrò attaccata per questa ammissione – pensavo (e penso tuttora) che fosse una gran noia.

Mio marito? Lui non poteva essere più elettrizzato. Dave ama qualsiasi tipo di sport, e sospetto che assistere agli allenamenti o alle partite dei figli rientri fra le tre attività che ama di più in assoluto. Invece io non lo capisco.

Cioè, sono felice che i bambini siano felici. Mi fa piacere che siano coinvolti in uno sport di squadra, che imparino i benefici dell'attività fisica e che acquistino fiducia in se stessi. Ma al di là di questo? La cosa non fa per me. Sicuramente alcune di voi non condivideranno la mia prospettiva. Per voi queste sono attività che danno gioia. Questi momenti sono esattamente ciò che immaginavate quando sognavate di diventare madri, e mi rallegra che vi sentiate così. È fantastico poter vivere attimi di estatico orgoglio materno con i propri bambini, però noi siamo tutte diverse.

Se c'è una cosa che ho imparato crescendo è che sono le differenze a rendere unica la nostra vita. Nessuno di noi è esattamente uguale agli altri, e questo è solo un bene, perché *non esiste un modo giusto di essere*. La madre che fa volontariato a scuola, la madre lavoratrice, la donna senza figli, la nonna in pensione, la mamma che dorme con il proprio bambino, quella che allatta artificialmente, la madre severa, l'hipster, quella che lascia andare scalzi i propri figli, quella che iscrive il bambino appena nato a un corso di musica – chiunque voi siate, *qualsiasi cosa* voi siate, aggiungerà pepe, consistenza e aroma a questa grande e bella zuppa mista che è la genitorialità moderna. Io posso decidere di osservare altre madri e imparare da loro, oppure posso lasciar perdere le cose che non mi paiono autentiche o non mi sembrano applicabili alla *nostra* famiglia. Voi potete fare lo stesso con la vostra. È questo il bello di crescere: imparare cose nuove e capire esattamente chi si è.

=> COSE CHE AIUTANO

1. **Analizzare le prove.** Una volta passavo un sacco di tempo a tormentarmi per tutti gli errori che facevo come madre. Ma sapete cosa vi dico? I miei bambini sono meravigliosi! Sì, d'accordo, ogni tanto mi fanno impazzire, però hanno ottimi voti a scuola e sono gentili e disponibili con chiunque incontrino. E poi sono io quella cui si rivolgono quando si fanno male. Sono io quella che chiamano di notte quando fanno un brutto sogno. Abbiamo un legame forte e inossidabile, che non cambierà mai solo perché sono una madre che lavora. Analizzate anche voi le prove che vi offre la vita. Se state allevando dei piromani che mancano di rispetto alla nonna... be', allora forse dovreste cercare aiuto. Ma se il più delle volte i vostri figli si comportano bene, allora concedetevi un po' di tregua.

2. **Fare amicizia con altre mamme.** Sì, quelle con cui i vostri figli vi paragonano. Sì, quelle con cui *voi stesse* vi paragonate. Se sono esseri umani, probabilmente vi diranno che anche loro temono di fare disastri con i figli. La madre di Samantha, che ha cucito cento paillettes sui cento bottoni da applicare sul berretto fatto a mano per festeggiare il centesimo giorno di scuola? Ebbene sì. Anche lei è preoccupata per le proprie capacità genitoriali. Il re è nudo, gente, e se non cercate la verità, non la saprete mai.

3. **Concentrarsi sulla qualità.** Quando mi faccio paranoie sul mio ruolo di genitore, di solito è perché ho la sensazione di non dedicare abbastanza tempo di qualità ai miei figli. "Tempo di qualità" significa non

stare al telefono o al computer o parlare con un altro adulto, e di solito implica leggere un libro, fare un gioco di società, andare al cinema o cucinare con loro. Solo quando concentro le mie energie sui miei figli mi sento davvero appagata e convinta di aver fatto un buon lavoro.

Bugia n. 10

DOVREI ESSERE PIÙ AVANTI A QUESTO PUNTO DELLA MIA VITA

La scorsa settimana ho fatto quattro chiacchiere con un gruppo di donne di una certa età, che avevano città e background diversi, davanti a un buon bicchiere di vino. Alcune avevano famiglia, altre no, ma tutte erano donne che definirei di successo. A un certo punto è emerso l'argomento età, e ne ho approfittato per chiedere loro se amassero festeggiare il compleanno. L'opinione generale era: decisamente no.

La cosa mi ha lasciato di stucco.

Io sono una di quelle persone cui piace festeggiare il proprio compleanno. Lo pianifico con mesi di anticipo preparando lunghe liste di attività che vorrei fare (stare in tuta tutto il giorno!) oppure di cose che vorrei mangiare (sformato di spinaci e carciofi con una Funfetti Cake per dessert). Lo aspetto con la stessa trepidazione di una bambina di terza elementare. E non è che mi piaccia solo la festa in sé; indosso ogni anno che passa con orgoglio e non mi interessa quanti siano, nel bene e nel male.

So che alle donne non piace invecchiare, è un cliché che esiste dalla notte dei tempi, però non mi ero mai confrontata con qualcuno sulle sue ragioni personali. Così ho deciso di chiedere a questo gruppo di signore quale fosse l'aspetto che apprezzavano meno. La risposta, in sostanza, è stata unanime.

Mi aspettavo che facessero riferimento all'invecchiamento o all'indebolimento fisico. Avevo sempre dato per scontato il rimpianto per la giovinezza perduta, e forse per certe persone è effettivamente così. Invece il problema di queste donne non era quello che succede quando si invecchia.

Il problema era quello che *non* succede.

Vedete, tutte avevano fatto dei progetti. Da bambine, o adolescenti, o ragazze tra i venti e i trent'anni, ne avevano fatti tantissimi. Progetti grandi, piccoli o immensi che avevano immaginato si sarebbero realizzati molto prima. E pur avendo spuntato diverse voci sulla loro lista, ce n'erano ancora alcune fastidiose... i coriandoli di desideri e sogni che non erano ancora andati a buon fine. Quindi, per quelle donne, il compleanno era uno scomodo promemoria dei traguardi che non avevano raggiunto.

Alcune non erano riuscite a centrare un obiettivo professionale o finanziario. Altre desideravano sposarsi o avere dei figli. Si erano messe in cammino su un determinato sentiero tempo addietro, e ogni anno che passava senza essere arrivate a destinazione rappresentava un impietoso ammonimento per le promesse che avevano fatto a se stesse e che fino a quel momento non erano state in grado di mantenere.

Chi non si è fatto ingannare da questa bugia? Non ricordo nemmeno il numero di volte in cui mi sono rimproverata perché pensavo che i miei obiettivi avessero una data di scadenza. (Per inciso: che atteggiamento deprimente nei confronti di una giornata che dovrebbe essere farcita di crema di burro!) Ebbene, dobbiamo riconoscere che questa mentalità non fa bene a nessuna di noi. Focalizziamo tutta la nostra attenzione sull'*assenza* di qualcosa.

Immaginate una bimba che muove i suoi primi passi. Gioiosa e paffutella, riesce a stare in equilibrio senza reggersi al tavolino da settimane, ormai. Finalmente, *finalmente*, fa il primo passo avventato per allontanarsi dalla relativa sicurezza del tavolino e poi, traballando, affronta le insidie del tappeto in salotto per arrivare ad aggrapparsi al bordo del divano. Giunta a destinazione, alza gli occhi verso di voi e vi guarda con il visino pieno di entusiasmo, orgoglio ed eccitazione. Ora immaginate di rivolgerle un sorriso tiepido e sbrigativo e dirle: «Sì, tesoro, d'accordo, ma perché ancora non corri?».

Chissà quanto si sentirebbe mortificata quella piccolina. Ma che razza di genitore potrebbe avere una reazione simile di fronte a una bimba che sta imparando a fare qualcosa di nuovo? Sarebbe inaudito per una madre reagire in modo così distaccato, giudicando la bimba per qualcosa che non ha ancora avuto il tempo o l'esperienza necessaria per capire. Eppure… eppure con noi stesse ci comportiamo proprio in quel modo.

Il nostro dialogo interiore negativo può essere più dannoso dell'abuso emotivo esercitato su di noi da un genitore carico di odio. Ed è anche molto più insidioso, perché non c'è nessuno che possa frenarlo, dal momento che perfino noi stesse raramente ci accorgiamo di cosa stiamo facendo. Poi, prendercela con noi stesse per tutte le cose che crediamo di fare in modo sbagliato diventa un'interminabile litania di rumore bianco che alla fine non sentiamo nemmeno più.

E per cosa, poi? Perché pensavate di diventare socie del vostro studio entro i quarant'anni? Perché non siete ancora state capaci di smaltire tutti quei chili da quando avete avuto dei figli? Perché vostra sorella è già sposata e voi non state frequentando nemmeno uno straccio di ragazzo? Perché avete lasciato l'università prima della laurea, e ogni ora e ogni giorno e ogni settimana che passa pensate che ormai sia troppo tardi per ricominciare gli studi?

Per me sono tutte stronzate.

Dio ha un tempismo perfetto. Se non siete credenti, vi invito a guardare la questione in questi termini: tutto succede esattamente quando deve succedere. Osservate la vostra vita e le otto cose che pensavate di raggiungere entro i trentacinque anni e vi sentite depresse. Ma forse il punto è che non avete ancora un'esperienza di vita sufficiente. Siete come la bimba che si tiene in equilibrio sulle sue gambotte tentando i primi passi, e forse avete semplicemente bisogno di stabilizzarvi ancora un po'.

O magari l'obiettivo che vi siete poste non era fatto per voi. Magari nel vostro destino c'è qualcosa di molto più esaltante che non arriverà prima di cinque anni. Magari dovete attraversare lo spazio in cui siete per essere pronte ad agguantarlo. Nulla va sprecato. Ogni singolo momento vi predispone a quello successivo. Ma che voi decidiate di vedere questo periodo come qualcosa di meraviglioso oppure no – un periodo che vi mette alla prova, vi fa crescere o magari vi forgia in una fiamma più calda di quanto pensate di poter sopportare – ricordate che tutto questo vi sta preparando a essere le persone che diventerete, vi state preparando a un futuro che non potete neanche immaginare.

Quando decisi di provare ad avere un bambino per la prima volta, pensavo che sarebbe bastato schioccare le dita e mi sarei ritrovata incinta. Ci vollero otto mesi per riuscirci. Otto mesi passati a sperare, a piangere ogni volta che mi arrivava il ciclo, a cercare di non essere gelosa delle altre donne incinte intorno a me, a intristirmi perché le cose non andavano come pensavo.

La mattina in cui feci il test che finalmente mi mostrò due lineette rosa, corsi davanti allo specchio. "Non voglio dimenticare che aspetto avevo quando ho scoperto che sarei diventata madre" mi dissi. Riesco ancora a vedere il mio viso riflesso in quello specchio, con gli occhi spalancati e pieni di trepida meraviglia.

Jackson Cage Hollis è nato il 30 gennaio 2007 ed è una delle gioie più grandi della mia vita. Va matto per i videogiochi, gli piace cucinare con me e porta una serie di braccialetti di gomma coloratissimi al polso destro perché «sono *cool*, mamma, ecco perché». Gente, se fossi rimasta incinta in un altro momento durante quegli otto mesi di tentativi falliti, non avrei mai avuto Jackson.

Tutto succede esattamente quando deve succedere.

Un tempo sognavo di diventare l'organizzatrice di eventi più richiesta di tutta Los Angeles. Volevo avere un sacco di collaboratori, un ufficio elegante e i clienti più danarosi della città. Di anno in anno mi ripetevo: "Questo è l'anno in cui mi servirà uno staff di venti persone. Questo è l'anno in cui mi occuperò di organizzare la serata di gala dopo la consegna degli Oscar. Questo è l'anno in cui porterò a casa un milione di dollari". (Sono una sognatrice, come ricorderete.) E ogni anno la mia attività cresceva, ma non tanto quanto speravo, e mi sentivo giù di corda perché non ero affermata quanto volevo.

Poi il mio piccolo blog – nato con l'intento di essere un semplice strumento di marketing per l'agenzia di eventi – iniziò a raccogliere una community di utenti sempre più numerosa. Adoravo proporre ricette o dare consigli su come decorare il salotto. E fu così che il sito divenne la mia attività full-time, e una ragazza che aveva abbandonato l'università, senza alcuna conoscenza in materia di tecnologia o media digitali, si ritrovò a gestire un'agenzia di comunicazione con milioni di fan. Tra l'altro, questo lavoro è molto più divertente e gratificante rispetto all'organizzazione di eventi. Se avessi avuto una prestigiosa agenzia di eventi a Los Angeles con un nutrito staff e un giro d'affari di milioni di dollari, non avrei avuto tempo di dedicarmi al piccolo blog che poi sarebbe diventato la mia professione e avrebbe cambiato completamente la traiettoria della mia vita.

Tutto succede esattamente quando deve succedere.

Io e Dave abbiamo affrontato un lungo percorso di adozione. Quasi cinque anni fa iniziammo le pratiche per accogliere con noi una bambina etiope. Dopo aver passato un anno a compilare montagne di documenti, presentare domande e fornire impronte digitali per la centesima volta, fummo ufficialmente dichiarati idonei e inseriti in lista d'attesa per un'assegnazione. Dopo due anni il programma di adozioni in Etiopia implose e scoprimmo che continuare ad aspettare era inutile. Ci ritrovammo a rimpiangere la vita, e la figlia, che ci eravamo immaginati.

Ricominciammo tutto daccapo. Decidemmo di renderci disponibili per il programma di affido familiare perché ci rendemmo conto che nella Contea di Los Angeles il bisogno era grande. Accogliemmo in casa due bambine, e quando ci lasciarono piansi per settimane. Due mesi dopo ci telefonarono per annunciarci che avremmo ospitato due gemelline neonate. Le portammo a casa dall'ospedale quando avevano appena sei giorni, scegliemmo dei nomi e provai nei loro confronti un amore che non riesco a spiegare a parole. Tuttavia, a nostra insaputa, il loro padre biologico aveva deciso di tenerle con sé, e così cinque settimane dopo le bambine che ormai sentivo mie mi furono portate via.

Non sapevo cosa pensare o provare, e non ero sicura di voler riprendere l'iter adottivo. Ero consapevole che in quel modo avrei permesso alla paura di prendere il sopravvento, e che era il timore di donare il mio cuore a qualcuno per poi farmelo calpestare di nuovo a impedirmi di fare il passo successivo. Ma quando sei alle prese con un dolore simile è difficile non avere timori. Piansi tutte le mie lacrime pensando: "Dio, perché hai instillato questo desiderio nel mio cuore se è destino che non si realizzi? E se ci riprovassimo, non farai di nuovo a pezzi il mio cuore, vero? Perché tutta questa trafila – fra udienze in tribunale, genitori biologici, visite dal medico, traumi e dipartimento per i servizi famigliari e infantili – è già stata abbastanza dura... Non ci ritroveremo svuotati e distrutti alla fine di questo percorso, vero? Vero?!".

Mi arrovellavo tra mille paure, la mia fiducia vacillava.

Perché alla fine tutto si riduce a questo: la fiducia. La certezza che la tua vita prenderà la strada che deve prendere, anche quando la strada in questione è dolorosa e difficile da attraversare. Potrei farvi una lista infinita. Potrei indicarvi un centinaio di momenti diversi della mia esistenza in cui pensavo di dover avere una cosa ed ero turbata perché non riuscivo ad averla, per poi scoprire che non era destino che la avessi.

Ripensandoci, credo che sia andata così anche con mia figlia. Le altre bimbe ci sarebbero appartenute solo per un breve periodo e, per qualunque ragione, noi saremmo appartenuti a loro per un periodo altrettanto breve. Eravamo una parte dei rispettivi percorsi di vita, una fermata lungo il viaggio verso la meta finale, anche se né noi né loro saremmo stati presenti insieme al traguardo.

Mentre me ne sto qui a limare questo capitolo al tavolo della cucina, mia figlia dorme su una sdraietta vicino al computer. Solo cinque mesi dopo che le gemelline se ne furono andate, quando ancora non avevo la forza di ritentare la strada dell'adozione, fummo abbinati alla sua madre biologica attraverso l'adozione indipendente, quella in cui la gestante sceglie gli aspiranti genitori adottivi tramite un avvocato. Quel periodo fu pieno di ansia. Ero così terrorizzata per le mille cose che potevano andare storte – ed *erano* andate storte in passato – che quasi non riuscivo a connettere. Ma quell'esperienza mi ha regalato un rapporto così speciale, sia con Noah sia con la sua famiglia d'origine, che non posso non vederlo come una benedizione. L'ennesima conferma che tutto succede esattamente quando deve succedere.

Avere un obiettivo nella vita è fantastico! Io sono una delle persone più motivate che potreste incontrare, e la mia lista di obiettivi è lunga chilometri. Ma ho capito che, oltre ad avere una serie di traguardi da raggiungere, devo imparare a essere indulgente con me stessa. Sposarmi entro i venticinque anni, rimanere incinta a trenta e diventare presidente della mia azienda prima di compierne quaranta sono soltanto numeri arbitrari. Perché sapete una cosa? Nessuna di queste belle idee né alcuno di questi piani prestabiliti per me stessa si sono realizzati come avevo previsto. Il matrimonio e i figli sono arrivati prima di quanto pensassi... e il successo professionale è arrivato dopo. Anzi, praticamente tutte le cose più belle della mia vita non sono mai state sulla mia lista.

Oggi avrete sicuramente un lungo elenco di cose da fare, ma ne avrete anche uno di piccoli e grandi traguardi che avete già raggiunto. Gli obiettivi che voi avete conquistato anni fa per qualcun altro sono ancora nell'elenco di cose da fare prima di morire. Concentratevi dunque su ciò che avete realizzato. Prestate attenzione ai passettini incerti che avete mosso sul tappeto del salotto la prima volta. Celebrate i piccoli momenti. Sono sacri, anche se non sono trampolini di lancio verso qualcos'altro. Niente è più importante del qui e ora.

Tutto succede quando deve succedere, ed è molto probabile che, pur non essendo dove pensavate di dover essere, finiate esattamente dove siete destinate ad arrivare.

=> COSE CHE AIUTANO

1. **Fare una lista.** Stilate un elenco di tutti gli obiettivi che avete raggiunto finora. Anzi, scrivete una lettera a voi stesse in cui elogiate la vostra tenacia! L'anno scorso durante un workshop con Elizabeth Gilbert – l'autrice di *Mangia, prega, ama* – ci è stato chiesto di far parlare la parte di noi stessi che ha raggiunto i suoi obiettivi e non si è mai tirata indietro. Volete vedere una stanza piena di gente che piange? Chiedete loro di fare questo giochino. Quando siamo costrette ad ammettere tutti i

risultati che abbiamo ottenuto, ci rendiamo conto che è sbagliato essere così severe con noi stesse per quello che non abbiamo ottenuto.

2. **Parlare con qualcuno.** Spesso tendiamo a nascondere il nostro stato d'animo perché siamo troppo imbarazzate per ammetterlo. Ma se avete una persona con cui parlare, una persona disposta ad ascoltarvi quando direte cose tipo: «Mi sento inutile perché non sono ancora diventata una rockstar», apprezzerete l'effetto lenitivo della sua risposta: «Stai scherzando?! Guarda tutte le cose fighissime che hai fatto! Sei fantastica. Smettila di essere così esigente con te stessa!». Ricordate, se vi chiudete in voi stesse, non farete altro che dare potere a queste bugie.
3. **Fissare degli obiettivi, non dei limiti di tempo.** Io adoro gli obiettivi. Possono aiutarci a esprimere il meglio di noi stesse… ma i grandi sogni non devono avere date di scadenza. Se vi state impegnando per raggiungere un risultato, non importa se ci metterete un mese o dieci anni.

Bugia n. 11

I FIGLI DEGLI ALTRI SONO MOLTO PIÙ PULITI, ORGANIZZATI O EDUCATI DEI MIEI

Nel corso degli anni sono intervenuta a un buon numero di incontri con mamme di bambini in età prescolare, e personalmente credo che esista un posto speciale in paradiso riservato a chiunque abbia affrontato il compito di crescere un bambino piccolo.

Come accade per molte delle conferenze che tengo, anche in questi casi mi viene chiesto che cosa mi piacerebbe dire riguardo l'allevamento dei figli. Talvolta mi si dà perfino un tema da sviluppare, per esempio: "Insieme è meglio", o: "Un viaggio in...".

In queste occasioni cerco di addentrarmi nel tema sulla base di ciò che conosco meglio.

Un viaggio sul lato sinistro del menu di un fast food.

Un viaggio nei libri che raccontano un triangolo amoroso tra un vampiro e un licantropo.

Un viaggio nell'apprendimento della difficile arte del *cha cha slide* per far colpo sui tuoi figli appena prima che un pezzo rap come *Whip / Nae Nae* ti riportasse al punto di partenza...

Immancabilmente mi siedo alla scrivania e faccio del mio meglio per preparare una discussione acuta e ponderata sul tema proposto. *Un viaggio alla ricerca della pace*, magari?

Ma quando provo a trascrivere e riordinare i miei pensieri, non riesco a organizzarli. La vita si mette in mezzo, i bambini si mettono in mezzo, e poi il lavoro, il pisolino, la cena, l'ora della nanna... Tutto si mette in mezzo.

Mi ritrovo a pensare: "Oh, Signore! Come si può pretendere che io scriva qualcosa se non ho mai un attimo di pace? Sono qui che corro da una parte all'altra come una disperata e mi chiedete di condividere la mia esperienza?".

Credo sia stato questo l'impulso per la maggior parte, se non tutte, le cose che ho fatto e che hanno toccato le corde di altre donne: quando ero nei pasticci, anziché cercare di edulcorare la situazione o fingere che le cose stessero andando diversamente, mi sono limitata a riconoscere i miei sforzi.

Quindi non vi parlerò di come trovare la pace interiore, ma di come accogliere il caos. Siamo onesti: è uno scenario decisamente più plausibile, perché non conosco una donna che al giorno d'oggi possa rallentare il tempo necessario per cercare le chiavi di casa, figuriamoci per mantenere uno stato costante di pace interiore. Se vi è mai capitato di trovare pace e gioia mentre crescevate i vostri figli, vi prego, non ditemelo. Non farebbe altro che deprimermi, e quando sono depressa finisco per mangiare l'impasto crudo della torta.

Come sapete, gestisco una società di comunicazione specializzata nella creazione di contenuti femminili. Il pilastro di questa società è il sito web, visitato ogni giorno da un'ampia base di donne che si collegano da tutto il mondo per capire cosa preparare per cena, come realizzare un cuscino decorativo, come organizzare gli impegni scolastici dei propri figli o quali outfit provare per l'autunno. In altre parole, per vivere offro consigli. E il mio obiettivo è quello di facilitare la vita alle donne.

Questo va tenuto bene a mente perché sto dedicando un intero capitolo a cosa significa vivere nel caos, attraversare momenti difficili e accettare il periodo in cui ci si trova – anche quando fa proprio schifo. Dieci anni di questo lavoro mi hanno insegnato qualcosa, e ho una teoria piuttosto solida da esporre: paradossalmente, credo che accogliere il caos possa essere la strada maestra verso la pace.

Avete mai sentito parlare della teoria del caos? Si tratta dello studio, attraverso modelli matematici, dei sistemi dinamici che esibiscono una sensibilità esponenziale rispetto alle condizioni iniziali, una reazione comunemente nota come "effetto farfalla". Per vostra informazione, l'ho cercato su Google. Non ho mai scritto una frase contenente le parole "sistemi dinamici" in vita mia, e credo che non mi capiterà mai più.

"Effetto farfalla" è un'espressione datata basata sull'idea che, tracciando il percorso di un uragano fino alla sua origine, si potrebbe scoprire che il fenomeno è stato provocato da un cambiamento nella pressione dell'aria causato dal battito d'ali di una farfalla avvenuto tre settimane prima dall'altra parte del mondo.

In parole povere, significa che perfino le cose più minuscole possono avere effetti giganteschi.

Per me il caos è questo: mio figlio, tre anni, che si sveglia almeno una volta a notte e pretende di dormire nel lettone; il mio sito che va in crash e richiede ore di riparazione; mio cognato che viene ricoverato in ospedale;

mio marito che rimane fuori casa per lavoro dieci giorni; io che mi ritrovo con l'orticaria o la paralisi di Bell o le vertigini da stress; io che rovescio un litro di latte; un uccellino che mi fa la cacca in testa; un neonato che mi fa la cacca addosso; io che litigo con mio marito, mia madre, mia sorella, o la sorella della madre di mio marito... Potete proseguire l'elenco con il vostro personalissimo caos perché ce l'abbiamo *tutti*, questa è la verità.

Ciascuno di noi vive nel caos e lo gestisce in uno di questi tre modi:

1. *Ignorandolo*. Questo è uno dei metodi di gestione del caos che preferisco. Semplicemente, fingo che non esista. Abbasso la testa e lavoro sempre di più, perché nessuno può colpire un bersaglio mobile.
   Il problema di questo approccio è che, per sua natura, il caos è incredibilmente stressante. È come provare a fingere di non essere ammalati quando è chiaro che abbiamo l'influenza. Possiamo cercare di far valere la mente sul corpo, ma alla fine lo stress ci presenta sempre il conto, e il fisico reagisce in maniera negativa. Nel mio caso, lo stress mi provoca la paralisi di Bell e le vertigini. A mia sorella maggiore viene l'orticaria. Un'altra mia amica soffre di insonnia. Potreste pensare che lo stress non vi riguardi direttamente, ma state pur certe che prima o poi vi colpirà, e probabilmente in modo poco salutare per voi o per la vostra famiglia.

2. *Combattendolo*. Di solito attacchiamo il caos in un campo completamente diverso da quello che dovremmo colpire davvero. Per esempio, per reagire a una relazione stressante, magari puliamo la cucina. Riordiniamo la camera da letto e il salotto. Puliamo di nuovo

la cucina. Pettiniamo i nostri figli, laviamo loro il visino e strilliamo quando si sporcano di ketchup i vestiti buoni. Facciamo tutto ciò che è in nostro potere per avere un'esistenza senza macchie perché speriamo che, così facendo, l'interiorità si adegui all'esteriorità.

Il problema di una battaglia contro il caos è che siamo destinati a uscirne sconfitti. Se viviamo nella convinzione di poter fare, organizzare o pianificare abbastanza in modo da non incontrare mai difficoltà, finiremo per sentirci dei falliti quando la vita si farà dura. Ma la vita è una corsa pazza e stressante, e a volte deve peggiorare prima di migliorare. Perdere una battaglia contro una vita quotidiana regolare ci fa sentire arrabbiati e impotenti. Ci fa sentire senza controllo.

3. *Arrendendosi.* Siamo sopraffatti dalle incombenze domestiche, dal lavoro, dalla famiglia, dagli amici. Non vediamo altro che stress. E ci sembra insormontabile – a prescindere dall'impegno che ci mettiamo, la situazione non migliora. Così scivoliamo nell'autocommiserazione. Ci lamentiamo, ci rannicchiamo sotto le coperte e lasciamo che il caos abbia la meglio su di noi.

   Il problema è che arrendersi significa annegare. E se scegliamo di restare sott'acqua senza sbattere i piedi per tornare in superficie, alla fine dimenticheremo come si nuota.

La buona notizia è che voi siete più forti di tutto questo. Avete magari dei bambini da crescere, delle bollette da pagare e una vita da vivere, e non potete fare nessuna di queste cose se vi nascondete sotto le coperte!

Inoltre, ciascuno di questi atteggiamenti – ignorare, combattere e arrendersi – è la piattaforma che vi porterà a scegliere quel falso giubbotto di salvataggio che è l'abuso di qualche sostanza. Potete rimpinzarvi di cibo per evitare di guardare in faccia la realtà. Potete ubriacarvi come strategia per affogare i dispiaceri. Potete ricorrere a un sacco di sostanze dannose per cercare di non pensare al caos che vi circonda, e molte di noi lo fanno senza rendersi conto che stanno sviluppando un pericoloso e radicato meccanismo di difesa anziché imboccare una via d'uscita una tantum.

Il problema più grande di questi tre approcci è che ciascuno implica di avere il comando della situazione. E per certi versi è così… Dopotutto, lo scopo di questo libro è ricordarvi che avete il controllo di voi stesse. Ma non potete controllare le azioni degli altri, le crisi di nervi dei figli, la piccolina che ha un attacco di diarrea al supermercato, il cane che vi mette sottosopra il giardino, la lavatrice che si rompe. E se pensate di poterlo fare, vi ritroverete piene di rabbia, frustrazione e stress. Inoltre, quando credete di avere tutto sotto controllo, non vi fermate né vi prendete tempo per cercare di costruirvi una vera serenità interiore.

Quindi che opzioni abbiamo? Ignorare il caos, combatterlo, curarlo con i farmaci fino a diventare insensibili ai suoi effetti? Niente affatto, siamo più forti di così, anche se è difficile capirlo quando siamo seppellite sotto una pila di panni da lavare e circondate da un'orda di bambini iperattivi.

In realtà c'è un'altra opzione, un'alternativa che la gente raramente sceglie, e che consiste nell'*accettare* la baraonda. Cosa interessante, le persone che ci riescono meglio sono quelle che hanno una vita estremamente caotica. Sono le donne con un marito in missione oltreoceano. Le donne che crescono bambini con bisogni educativi speciali. Le madri single che si giostrano fra tre lavori diversi. Probabilmente loro hanno capito da tempo che si può trovare bellezza nel caos, e libertà nell'assecondare la marea.

Sentirsi sopraffatte non è un concetto nuovo.

Avete avuto una giornata o una settimana pesante? Avete risposto male a vostro marito o siete così preoccupate che vi strappereste i capelli? Sappiate che non avete l'esclusiva. Non siete l'unica. Il modo in cui gestite lo stress, però, è ciò che rivela la vostra individualità.

Quindi forse leggendo queste righe penserete: "Okay, ho capito. Ci sto. Accettiamo questa vita caotica! Ma come diavolo si fa?".

Iniziate dandovi un po' di respiro. Tutti facciamo casini, tutti commettiamo degli errori, tutti confondiamo il giorno della recita con quello della foto di classe. Ho urlato contro i miei figli, mio marito e me stessa. Niente di tutto ciò mi fa stare bene, anzi, mi devasta perché perdere il controllo mi mette in agitazione. Ma sapete una cosa? Domani è un altro giorno e abbiamo un'altra opportunità per riprovarci.

Fate un bel respiro. Cercate il lato divertente della situazione e fate uno sforzo per trovarlo quando non è subito evidente. Alcuni anni fa, durante il percorso di certificazione per diventare genitori affidatari di cui parlerò meglio più avanti, un'assistente sociale fece una chiacchierata con i nostri figli. Eravamo seduti in salotto e lei poneva loro domande innocenti mentre bevevamo un tè freddo. Dava loro imbeccate innocue… innocue finché non si rivolse a Ford Hollis, quattro anni ancora da compiere.

«Che cosa ti rende felice?» gli chiese.

Ford rispose che gli piaceva andare a nuotare.

«E che cosa ti rende triste?» proseguì la donna.

«Quando papà mi fa paura di notte» rispose lui senza esitazione.

Sia io sia Dave restammo paralizzati. Eh? Di cosa diavolo stava parlando? E perché aveva scelto proprio quel momento, alla presenza di un'assistente sociale, per tirare fuori una cosa simile?

«Che cosa significa "quando papà ti fa paura di notte"?»

«Che viene nella mia stanza di notte tutto arrabbiato con me.»

Quando uno affronta un colloquio del genere è già abbastanza nervoso, ma quando i tuoi figli se ne escono con una frase assurda come questa ti viene da pensare che non solo non riceverai l'approvazione per l'affido di un altro bambino, ma che potresti anche rischiare di perdere i bambini che già hai.

Dopo qualche altra domanda si scoprì che Ford si riferiva alla sera prima, quando si era svegliato nel cuore della notte e aveva tentato di intrufolarsi nel nostro letto (il che va contro le regole di casa nostra). Dave aveva brontolato quando lo aveva dovuto riaccompagnare nella sua stanza per la terza volta alle due del mattino. A ripensarci era un episodio spassoso, ma in quel momento, prima di avere spiegazioni, stavo per andare in iperventilazione. Perciò sforzatevi di sdrammatizzare quando le circostanze sono difficili. Anzi, più assurda è la situazione, più umorismo dovreste riuscire a tirar fuori.

Inoltre esorto me stessa a cercare i frutti dello Spirito Santo. Per chi di voi non è cresciuta ascoltando la cassetta degli inni religiosi ogni mattina a colazione come ho fatto io, i frutti dello Spirito sono l'amore, la gioia, la pazienza, la pace, la benevolenza, la bontà, la fedeltà, la mitezza e il dominio di sé. Sono tutti valori preziosi, ma credo che ce ne sia sempre uno di cui abbiamo particolarmente bisogno in un determinato periodo. Scegliete quello che vi tocca di più in questo momento, scrivetelo su diversi Post-it e appiccicateli dappertutto.

Nel frattempo non dimenticate di fare una pausa, prendervi cura di voi stesse, uscire per un appuntamento o farvi fare le unghie. Prendetevi del tempo per ricaricare le pile, e se ne prenderete le distanze, riuscirete ad accettare il caos in cui siete immerse con più facilità.

Trovate un gruppo di persone che condivida il vostro stesso percorso di vita. A quel punto, considerate con onestà dove vi trovate e che sfide state affrontando. Imparate a chiedere una mano, e se qualcuno ve la offre, accettatela! Accettate tutto l'aiuto che vi viene offerto e consideratelo un dono. Non vi dico quante donne mi chiedono come faccio "a far tutto", e quando rispondo che ho imparato a chiedere aiuto mi guardano come se fossi un'aliena.

«Cioè, aiuto con cosa?»

Per esempio, se vostra suocera vi propone di venire un pomeriggio a tenere i bambini, rispondete: «Sì, grazie». Se vostro marito si offre di ritirare la biancheria asciutta, rispondete: «Sì, grazie» (anche se secondo voi è una frana a piegare gli asciugamani). Se una vostra amica vi dice che vuole venire da voi con la cena pronta o una bottiglia di vino, ma vi dispiace che si disturbi, rispondete lo stesso: «Sì, grazie». E se la scuola elementare offre attività pomeridiane che possono tenere occupati quei terremoti dei vostri figli per un'altra ora e mezza, rispondete: «Sì, grazie».

Cos'è che può darvi più tempo, più spazio, più libertà di trovare il vostro equilibrio? Qualunque cosa sia, accettatela con un bel: «Sì, grazie».

Ricordate quella vecchia barzelletta dell'uomo che continua a pregare Dio affinché lo salvi dall'annegamento? Quando finalmente arriva qualcuno a bordo di una barca e gli chiede se ha bisogno di aiuto, l'uomo risponde: «No, Dio mi salverà». La cosa si ripete altre due volte, e lui continua a dare la stessa risposta. Occhio allo spoiler: alla fine l'uomo annega e quando arriva in paradiso dice: «Dio, accidenti, ti avevo pregato di salvarmi!». E Dio, guardandolo, gli risponde: «Figliolo, ti ho mandato ben tre scialuppe di salvataggio e tu le hai rifiutate tutte».

Ecco, Dio manda innumerevoli scialuppe di salvataggio. Alcune sono grandi e ben visibili, e altre sono semplici e modeste, come il garzone del negozio che si offre di caricarvi la spesa in macchina. Salite su quella benedetta barca!

Ricordate la *Lettera ai Filippesi* (1,6): «Sono persuaso che colui il quale ha iniziato in voi quest'opera buona, la porterà a compimento fino al giorno di Cristo Gesù». Oh, adoro questo passaggio. Sono convinta che sia vero e l'ho visto accadere nella mia vita più e più volte. Supererete questo periodo. Passerà anche questo. Non mettete il resto della vostra vita in bilico su un pendio scosceso a causa di un momento difficile.

Inoltre, può essere utile tenere presente che qualcun altro sta pregando per avere il caos di cui voi vi lamentate. In altre parole, le cose che a voi sembrano così difficili, per qualcun altro potrebbero essere la realizzazione di un sogno. Non lo dico per farvi sentire in colpa o per minimizzare le vostre difficoltà, ma mettere le cose in prospettiva può aiutarvi a capire che il vostro caos in realtà è un'enorme benedizione. Modificare il punto di vista può fare miracoli.

Per finire, vi ricordate di quando ho parlato dell'effetto farfalla? Bene, consideriamo una farfalla vera o, per essere più precisi, un bruco. I bruchi sono meravigliosi. Hanno tutte quelle gambette e sono fantastici, tanto che esiste una serie di libri per bambini che spiega quanto sono carini. Ma se il bruco scegliesse di rimanere tale, se decidesse che il caos della metamorfosi è troppo impegnativo da gestire, non saprebbe mai che cosa potrebbe diventare. Credete che cambiare totalmente la propria identità non sia doloroso? Credete che non sia un'esperienza spaventosa, difficile e travolgente? Certo che lo è, ma se il bruco non avesse superato la paura, se non avesse permesso al cambiamento di trasformarlo nel suo vero io, noi non avremmo mai saputo quanto è bella la farfalla. E lei non avrebbe mai saputo che era destinata a volare.

=> COSE CHE AIUTANO

1. **Amiche simili a voi.** Nel mio caso, amiche appena sposate quando ero appena sposata. Amiche imprenditrici, o amiche che sono anche madri lavoratrici, o madri di maschietti, o madri di bambini della stessa età dei miei… Tutte mi hanno salvato la vita. Avere qualcuno con cui bere un bicchiere di vino e che capisce perfettamente le tue giornate è un dono. Queste amicizie sono fondamentali per sentirsi incoraggiate.

2. Priorità. Potete dedicarvi alle faccende domestiche, o avviare una ditta, o restare a casa con il vostro bambino, o avere un fisico da urlo allenandovi sette giorni su sette… ma non credo che possiate avere tutte queste cose allo stesso tempo, o almeno non nella stessa quantità. Perciò sedetevi e decidete che cos'è prioritario per voi, non per vostra suocera o per le vostre amiche… Decidete cos'è davvero importante per *voi.* Se poi la casa è in disordine o dovete aspettare fino al prossimo anno per allenarvi alla mezza maratona, be', è così che deve andare.

3. Una magnum di champagne. Okay, sto scherzando. Mmm… più o meno. Sono convinta che sia necessario avere qualcosa che aiuti a rilassarsi. Può essere correre, sintonizzarsi su un canale di intrattenimento o fare una torta; non importa, trovate qualcosa che possiate vivere come un premio e che vi dia soddisfazione. Quando vi sentite totalmente esauste, dovreste potervi rifugiare nel vostro angolino felice e resettare tutto.

Bugia n. 12

DEVO SMINUIRMI

L'anno scorso ho partecipato a uno di quei seminari dove un maestro di vita ti accompagna in un percorso di meditazione guidata o ti urla di credere in te stessa.

Ho amato ogni secondo di quell'evento.

Poiché analizzo costantemente come posso crescere e diventare una versione migliore di me stessa, apprezzo la saggezza, ovunque possa trovarla. Intendiamoci, non esiste un'unica persona che possa essere la fonte di tutte le risposte, ma si può raggranellare una manciata di pensieri positivi qui e un'opinione illuminante là. Spero che ricaverete alcuni consigli utili anche da me, ma non mi aspetto assolutamente che prendiate come Vangelo ogni singolo spunto che coglierete in queste pagine.

Dicevo, mi piace leggere libri e ascoltare podcast sul tema della crescita personale, e quando un personaggio che ammiro organizza un seminario di qualche giorno vicino a dove vivo, potete scommettere che compro un biglietto. Fu proprio durante un'esperienza di questo tipo che ebbi una potente intuizione riguardo un lato di me davvero inaspettato.

«Da quale dei vostri genitori desideravate di più essere amati?» domandò il relatore al pubblico. «Non quale genitore amavate di più, attenzione… Da quale desideravate di più *essere amati*?»

Mio padre.

Immagino che valga per molte donne, ma per me è decisamente così. Ho fatto molti anni di terapia, e per lo più con lo scopo di pormi domande di questo tipo, perciò quando il relatore ce la rivolse, la mia risposta fu immediata. Però il punto è che lo sapevo già, nessuna grande sorpresa fin qui.

Fu la domanda successiva a cambiare tutto.

«E chi dovevate *essere* per lui o per lei?»

O meglio, da bambini, che cosa credevate di dover fare per ricevere l'amore di quel genitore?

«Una persona di successo» mormorai. Nemmeno quella era una novità per me. Come ho già detto, ero consapevole di come il mio desiderio di essere una persona produttiva avesse influenzato la mia vita adulta.

«Oltre a questo» continuò il relatore, «che cos'altro dovevate essere?»

«Piccola.»

Quell'aggettivo mi uscì dalla bocca senza pensare. Prima di quel momento vi giuro che non avevo mai e poi mai considerato quell'idea.

Da dove veniva? Che cosa significava?

Mi appoggiai allo schienale e riflettei su quella risposta per la prima volta in vita mia.

Credo che mio padre sia sempre stato orgoglioso di me, ma non l'ha mai espresso a parole, a meno che non facessi bene qualcosa. Essendo lui stesso un gran lavoratore, più che altro apprezzava il risultato. Inoltre, non avendo mai avuto un esempio di cosa significasse essere un buon padre, non aveva parametri di riferimento e tanto meno idea di come ci si comportasse con un bambino. Ricordo bene, però, che da piccoli capimmo subito che non dovevamo farci sentire. Imparai a non creare scompiglio, a non fare il minimo rumore se non era quello che lui desiderava. A volte chiacchierava o giocava perfino con noi, ma per la maggior parte del tempo voleva solo silenzio.

Crescendo, diventai sempre più consapevole della nostra disparità.

"Piccolina."

Era questo il termine che usava… e non come un tenero vezzeggiativo.

«*Piccolina*, non hai la minima idea di quello che dici.»

«*Piccolina*, il mondo reale ti mangerà viva.»

«*Piccolina*, faresti bene a crescere in fretta.»

"Piccolina" divenne un'offesa. Detestavo che mi chiamasse così, ma prima di quel giorno alla conferenza non avevo mai capito quale effetto avesse avuto su di me quella parola. E non solo in senso negativo, anche positivo. Non sarei quella che sono, se non fosse stato per la mia infanzia. Non sarei dove sono senza l'etica del lavoro che mi ha instillato mio padre. Lo stesso uomo che lodava i miei successi forse mi ha inavvertitamente insegnato a rincorrerli un po' troppo, ma non possiamo dare la colpa al passato per le cose che sono andate storte se non siamo disposti a essere grati per quelle che sono andate bene. Piuttosto, scavare nei *perché* del mio comportamento da adulta è ciò che mi aiuta a superare le abitudini deleterie.

Prendiamo come esempio quanto mi senta in imbarazzo quando parlo del mio lavoro. Se a una festa qualcuno mi chiede che cosa faccio per guadagnarmi da vivere, rispondo in modo sbrigativo: «Oh, gestisco un blog dedicato al lifestyle». Non importa se ho costruito un'agenzia di comunicazione da zero e se dirigo uno staff di undici persone. Non importa se i nostri clienti sono tra i marchi più famosi al mondo. Non importa se il sito registra milioni di contatti al mese o se sono una scrittrice e tengo conferenze e nel frattempo sto anche crescendo dei figli. Mi sembra presuntuoso menzionare questi traguardi, quasi mettessi in imbarazzo le altre persone se ne parlo.

Ma se non voglio essere presuntuosa è soprattutto perché, tanto tempo fa, mi sono convinta di essere una bambina che non aveva la minima idea di cosa stava dicendo. Diventare grande rimanendo piccola è un'impresa impossibile per chiunque. Così, mentre stavo seduta fra il pubblico quel giorno capii quanto quel dilemma avesse definito la mia identità.

La nostra agenzia ha ricevuto tantissime proposte importanti negli ultimi anni, eppure ho trovato una scusa dopo l'altra per rifiutarle. Temevo che avremmo deluso i nostri clienti. Temevo che avremmo fallito. Temevo di non essere abbastanza brillante da condurre il team verso un territorio inesplorato.

Mi risulta difficile scrivere queste cose ora che passo la maggior parte del mio tempo a dire ad altre donne di inseguire i loro sogni più ambiziosi. E se me lo aveste chiesto in passato, vi avrei detto che voler crescere a passi da gigante equivaleva ad andare oltre le nostre possibilità. Ma osservando attentamente la mia vita e la mia azienda, riconobbi la verità: mi stavo sminuendo. Mi impegnavo il giusto per catturare l'attenzione altrui, però non esprimevo la vera me stessa per paura di cosa avrebbero potuto pensare gli altri.

Chi sono realmente?

Sono una donna e una madre, e sogno anche di diventare una magnate dei media. Sto lavorando per portare la mia agenzia di comunicazione a livelli altissimi. Sogno di avere un fatturato abbastanza elevato da consentire a tutte le persone incredibili che lavorano con me – e che si sono assunte il rischio di aiutarmi a realizzare il *mio* sogno – di acquistare una casa di proprietà, di ripagare i prestiti universitari e di fare lunghe vacanze in luoghi assolati. Sogno di fondare un'organizzazione no-profit che aiuti altre donne a inseguire le proprie aspirazioni. Mi sto impegnando per costruire un'azienda in cui i miei figli, crescendo, lavoreranno a loro volta. Ritengo che i mass media di cui fruiamo possano avere un impatto positivo sulla nostra vita e che, creando mezzi di comunicazione in grado di confortare e incoraggiare le donne, possiamo letteralmente cambiare il mondo.

Ho tantissimi obiettivi e desideri per me stessa, e nessuno di questi è piccolo. Sono grandi, azzardati e pieni di speranza. Richiedono fiducia e coraggio, nonché una buona dose di audacia. Non posso raggiungerli, e *non* li raggiungerò, a meno che non inizi ad abbracciare ogni lato del mio carattere, compresi quelli che mettono a disagio gli altri.

Quel giorno alla conferenza mi sono resa conto di questo: non posso continuare a vivere a metà semplicemente perché per gli altri è difficile gestirmi per intero.

Qualche settimana fa, partecipando a un altro seminario, ho visto scattare lo stesso meccanismo in altre persone intorno a me. Erano quattrocento donne dalla mentalità imprenditoriale che continuavano a ripetere le stesse cose:

«Be', questo per me è semplicemente un hobby.»
«È una cosa che faccio come extra.»
«Il mio lavoro principale è essere una mamma, ma questo è un bellissimo modo per arrotondare.»

Badate bene, quelle non erano donne che vendevano su Etsy roba vecchia recuperata in garage. Gestivano attività e team di lavoro. Alcune di loro fatturavano centinaia di migliaia di dollari all'anno, eppure la parola "hobby" è emersa più e più volte.

E allora mi sono resa conto di una cosa: non sono l'unica donna che si sminuisce per mettere a proprio agio gli altri.

Per chi non capisce come siamo fatte è difficile sostenerci pienamente. In fin dei conti, era questo il nocciolo del problema con mio padre. Non sapeva cosa fare con un bambino, tantomeno con una femmina. E poiché non mi capiva, spesso, seppur inconsapevolmente, soffocava le parti di me che lo mettevano in imbarazzo.

Le donne sono costrette a farsi largo all'interno di sistemi patriarcali. Le madri che lavorano subiscono le critiche dei parenti che non condividono il loro desiderio di essere professionalmente attive, mentre le madri a tempo pieno le criticano perché stanno lontane dai loro figli. E queste ultime probabilmente si sentono giudicate altrettanto male dalle donne lavoratrici, che non riescono a condividere la loro scelta di vita. È come se fossimo bambini in un parco giochi, desiderosi di dire quello che gli altri vogliono sentirsi dire, e di nascondere i lati di loro stessi che gli altri potrebbero non capire. Questo mi fa pensare a quante donne vivano a metà la propria personalità e, in definitiva, neghino la propria identità.

Avete passato tutta la vita a reprimervi per paura di cosa avrebbero pensato gli altri? Siete una di quelle imprenditrici che definiscono la loro attività un "hobby" perché temono l'opinione della suocera o perché è più prudente mantenere basse le aspettative? Esitate a riprendere gli studi perché pensate di non essere abbastanza intelligenti? Vi trattenete dal provare nuove esperienze perché siete già sicure di fallire? Rimanete in silenzio quando avreste un sacco di cose da dire? Siete convinte di non poter raggiungere risultati apprezzabili o di non poter essere migliori di quanto siete ora per via della vostra famiglia d'origine? Rinunciate a esternare i vostri sogni perché vi agita l'idea che gli altri possano prendervi in giro o giudicarvi per le vostre scelte?

Be', io ho vissuto in preda a queste paure per anni. Temevo che se gli altri avessero saputo quanto amo lavorare avrebbero potuto mettere in discussione la mia capacità di essere anche una brava madre. Negli ultimi dieci anni sono stata circondata da troppe persone pronte a dubitare del mio impegno con i miei figli, e questo ha influenzato la mia posizione nei riguardi delle madri lavoratrici. Passare dal senso di colpa all'accettazione è stata una lunga battaglia, e sono riuscita ad affrontare questo cambiamento solo dopo aver adottato la nostra bambina. Quando aveva circa sei settimane, dovetti partire per un viaggio d'affari, e mentre ero via qualcuno mi chiese cosa ne pensassi del senso di colpa tipico delle madri lavoratrici. È una domanda che mi pongono spesso e con cui scommetto che la maggior parte delle madri – che rimangano a casa con i loro bambini o scelgano di lavorare – si è scontrata.

Ci ho riflettuto molto negli ultimi dieci anni di maternità, e ancora di più adesso che sto crescendo una femminuccia.

Ed ecco la conclusione cui sono arrivata.

Mi rifiuto di trasmetterle questa narrazione.

Mi rifiuto categoricamente di educarla con l'ideale che solo uno dei due genitori sia responsabile della persona che diventerà. Io sono stata cresciuta da due genitori che lavoravano e dal resto villaggio.

Non appoggerò la convinzione che avere una madre lavoratrice a tempo pieno significhi per il figlio non essere amato e ben accudito.

Non le farò credere che avere (o non avere) una carriera abbia a che vedere con il suo amore verso il partner o verso i suoi figli... se dovesse decidere di avere entrambe le cose.

Non le dirò che il lavoro di un uomo è fuori, nel mondo, mentre quello di una donna è dentro casa. Se lei *sceglierà* di stare a casa, la appoggerò con tutto il cuore, però non le insegnerò mai che esiste un modello femminile più giusto di un altro.

Questo è importante, perché la società le dirà che i suoi fratelli hanno possibilità infinite davanti a loro, e i media le mostreranno che il mondo di una donna è limitato.

So che andrà così per svariate ragioni, ma soprattutto perché a Dave non è mai, e dico mai, stato chiesto se si sente in colpa per avere un lavoro.

Crescendo, mia figlia imparerà cose del mondo che preferirei evitare; non posso controllarlo, però posso controllare il tipo di donna da mostrarle come esempio. Io, sua madre, credo che Noah, mia figlia, sia stata meravigliosamente creata da un Dio che ha immaginato il suo posto in questo mondo molto prima che chiunque di noi fosse nato.

E credo la stessa cosa per voi.

Credo che voi non siate un errore, e che sentirsi in colpa per chi siete (lavoratrice, casalinga, sovrappeso, sottopeso, colta, senza istruzione, emotiva, studiosa, scafata o qualsiasi altra cosa) non renda giustizia a voi stesse e a chi vi ha messo al mondo.

Ci sono centinaia di modi per perdersi, ma quello più semplice è rifiutarsi di riconoscere chi siamo realmente.

La parte più autentica di voi non è un errore.

I sogni che avete non sono sciocchi: sono la cartina stradale che vi condurrà verso la vostra meta! Non limitatevi a stare a guardare. Non lasciate che l'opinione di qualcuno determini il vostro valore. Non perdete l'occasione di vivere la vita piena di possibilità incredibili che avete davanti.

Non siete state create per sminuirvi.

Non siete bambine piccole.

Siete donne adulte, ed è ora che cresciate. Diventate esattamente ciò che siete destinate a essere.

=> COSE CHE AIUTANO

1. **La volontà di trasgredire.** E con "trasgredire" non intendo fare battute di cattivo gusto sulla madre di qualcuno. Intendo accettare l'idea che non tutti, compresi i vostri cari, possono capirvi o approvare ciò che fate.

Se siete persone che tendono a compiacere gli altri, come lo ero io, questo vi risulterà difficile perché il vostro istinto vi porterà a cercare costantemente l'apprezzamento altrui. Così ho deciso di non tormentarmi più e di accettarmi per quella che sono, smettendo di focalizzarmi troppo su ciò che pensano gli altri. Mi concentro piuttosto sull'obiettivo di diventare la migliore versione di me stessa, quella più amorevole, ma che gli altri approvino la mia scelta o meno non è un problema mio.

2. Una coraggiosa affermazione della propria identità. Per me è stato un tatuaggio. Ne desideravo segretamente uno da anni, ma mi preoccupava ciò che avrebbero pensato gli altri. Poi ebbi un'epifania: sono io che decido chi essere. In ogni singolo giorno in cui siamo vivi, siamo noi a scegliere questa vita e questa identità. Scegliamo di essere la madre a tempo pieno che ama fare i dolci e il pilates. Scegliamo di essere la hipster che ama le caffetterie e i prodotti artigianali. Scegliamo di essere un'avvocatessa che corre maratone e mangia solo cibo biologico. Ogni singolo aspetto della nostra identità, a prescindere da quanto tempo ne siamo consapevoli, è una scelta che facciamo ogni giorno. Questa è stata una rivelazione enorme per me. E per quanto possa apparire bizzarro, quando mi sono resa conto di questo fatto, il primo pensiero che ho avuto è stato: "Mi faccio un tatuaggio sul polso!".

3. Un incontro con un guru. Spesso mi serve l'approfondimento di un podcast, di un libro o di una conferenza per vedere le cose dalla giusta prospettiva. Se non

sapete se seppellire una parte di voi stesse, o se ci sono cose su cui volete lavorare, iniziate a cercare contenuti che trattino di quell'area specifica. Magari non condividerete ogni singola parola di quanto leggete o sentite, ma certamente raccoglierete qualche perla di saggezza che vi aiuterà ad affrontare quel determinato momento.

Bugia n. 13

UN GIORNO SPOSERÒ MATT DAMON

Ridete pure quanto volete, ma è una cosa che ho creduto per *anni.* Ho parlato della mia ossessione per Matt Damon molte volte, soprattutto perché è divertente e io adoro far divertire le altre persone. Inoltre strappa facilmente una risata perché la gente stenta a credere che una donna sana di mente e apparentemente dotata di intelligenza possa convincersi di sposare una celebrità che non ha mai incontrato. Eppure la verità è che c'è stato un periodo della mia vita – anni e anni, in effetti – in cui la mia massima aspirazione era trovare Matt Damon da qualche parte a Los Angeles e incastrarlo.

Ho passato quasi tutto il terzo anno delle superiori a guardare e riguardare *Will Hunting. Genio ribelle*, tanto che sono ancora in grado di recitare su richiesta tutte le battute a memoria. Mi sono candidata più volte per posizioni lavorative presso la Miramax Films (perché era la casa di produzione del film e il mio cervello da ingenua diciottenne era convinto che Matt Damon potesse attraversare l'atrio in qualsiasi momento). Tra l'ultimo anno a casa dei miei e il primo anno a Los Angeles, questa fantasia di Matt come cavaliere dall'armatura scintillante fu ciò che mi spinse ad andare avanti. Mi figuravo la scena nei minimi dettagli: come ci saremmo incontrati, cosa avrei indossato, dove ci saremmo sposati, come sarebbe stata la nostra casa, come sarebbero stati i nostri bambini... Quando attraversavo un momento cupo, questi sogni a occhi aperti erano la luce in fondo al tunnel. Ero sinceramente convinta che fossero il mio obiettivo finale.

Quando finalmente incrociai il mio idolo durante una festa organizzata dalla Miramax, dove lavoravo ormai da un anno, lui mi venne incontro in fondo al teatro. Giuro, puntò dritto verso di me. Per poco non mi scoppiò il cuore perché stava accadendo esattamente quello che avevo sempre immaginato. Matt mi aveva visto e in qualche modo aveva capito che eravamo destinati a stare insieme. Non appena si avvicinò, iniziò a parlare.

«Mi scusi» disse.

"Ci siamo!" pensai.

«Sa quale posto mi è stato assegnato?»

Mi rivolse la parola perché lui era una star e io ero la ragazza con una cartellina in mano, non perché avesse percepito che eravamo fatti per stare insieme. Lo accompagnai al suo posto e mi congedai senza ricevere una proposta di matrimonio e nemmeno la richiesta di un appuntamento.

Dopo un anno trascorso a Los Angeles, mi ero scontrata con la realtà abbastanza duramente da capire che le mie fantasticherie erano parte di un infantile sogno a occhi aperti.

Più avanti ebbi un'altra fantasia. Questa era più modesta, con un risultato meno eclatante per la mia vita, ma ne fui altrettanto ossessionata.

Volevo una borsa di Louis Vuitton.

Più precisamente, volevo una Speedy di Louis Vuitton.

Per chi non se ne intende, si tratta di uno dei modelli classici del marchio. Ha le dimensioni di una palla da football e all'epoca costava poco più di mille dollari.

Mille. Dollari. Per un bauletto grande come la mia testa.

Era ridicolo, ma la volevo comunque. La volevo perché rappresentava il tipo di donna che sognavo di diventare.

Durante la prima estate trascorsa a Los Angeles, facevo spesso una capatina al Beverly Center, un centro commerciale per gente chic situato, appunto, a Beverly Hills. All'epoca non potevo permettermi nulla oltre i sei dollari del parcheggio, eppure continuavo ad andarci per guardare le vetrine e sognare di fare shopping in quel paradiso, prima o poi. Durante una di queste visite incrociai una delle donne più affascinanti al mondo, o quantomeno il modello di donna che speravo di diventare un giorno. Aveva i capelli lucidi, un trucco impeccabile, un abbigliamento curato e una Speedy di Louis Vuitton. Come se non bastasse, a un manico aveva annodato un foulard vintage, rendendo quella borsetta l'accessorio più elegante che avessi mai visto in vita mia. In quel momento persi la testa per quell'ideale. Un giorno sarei diventata composta e raffinata come quella donna. Un giorno avrei posseduto quella borsetta.

La bramai per anni pur sapendo che era una pura fantasia. Mille dollari era una cifra astronomica da spendere per un oggetto così frivolo, eppure continuavo a immaginare che cosa avrei fatto con quella borsetta. Immaginavo dove l'avrei sfoggiata e come avrei cambiato il foulard a seconda della stagione o per abbinarlo al mio outfit. Me lo figuravo nei minimi dettagli, e con il tempo escogitai una strategia per averla. Avrei fondato un'azienda, e un giorno quell'azienda avrebbe avuto clienti che mi avrebbero pagato un sacco di soldi. Così, la prima volta che qualcuno mi consegnò un assegno da 10.000 dollari come parcella per una consulenza, decisi che mi sarei finalmente comprata quel bauletto.

Mi ci erano voluti anni per arrivarci.

Anni passati ad arrabattarmi come wedding planner da quattro soldi. Anni passati a sviluppare il mio portfolio di lavori e a consolidare la clientela. Anni passati a fatturare 750 dollari, poi 1000, poi cifre più importanti. Ogni volta che andavo al centro commerciale, passavo davanti al negozio di Louis Vuitton e mi fermavo a fissare quella borsetta in vetrina. Per ogni riunione che affrontavo e ogni contratto che chiudevo, mi aggrappavo a quell'immagine. Per ogni sposa simpatica come una sorellastra di Cenerentola, per ogni discorso di testimone alticcio, per ogni serata passata a togliere i coriandoli dalla moquette dell'albergo in modo che i miei clienti non perdessero la cauzione, continuavo a pensare: "Un giorno quella Speedy sarà mia!".

E quando ricevetti il mio primo assegno da 10.000 dollari, come vi dicevo, andai direttamente in banca, e da lì al Beverly Center. Uscendo dal negozio di Louis Vuitton provai un senso di orgoglio che non avevo mai sperimentato in tutta la mia vita.

Ora, desiderare una borsetta è legittimo, e avere un'ossessione per Matt Damon è… be', curioso, diciamo. Ma perché menzionarli ora? Perché raccontarvi di questa bizzarra fantasia o della borsetta con cui mi ero fissata quando gli altri capitoli di questo libro hanno un loro peso specifico e una loro dignità?

Perché credo che la capacità di visualizzare i miei sogni fin nei minimi dettagli sia una delle ragioni principali per cui sono riuscita a realizzarli. E parlo sul serio. Non sottovalutate questa affermazione. Rifletteteci per qualche istante. Una parte importante del mio successo è insita nella mia immaginazione. E non intendo un'immaginazione stile Tim Burton, ma semplicemente la capacità di scegliere un sogno e focalizzarsi su di esso… anche per anni.

Una delle domande che mi vengono rivolte più spesso è come faccio a non perdere la motivazione. Di recente ho cercato di offrire spunti pratici: circondatevi di fonti di ispirazione (sia nella vita reale sia nei feed sui social network); ascoltate podcast motivazionali; scegliete playlist di brani che vi caricano a palla finché non vi sentite ispirate; cercate di capire qual è la formula che vi motiva, poi ripetetela più e più volte. Ma questi sono consigli che probabilmente avrete già sentito, quindi che senso ha continuare a proporre spunti che non funzionano? Preferisco indagare ciò che farà la differenza *per voi*, anche se potrebbe sembrarvi un po' strano. Nel mio caso la differenza è stata immaginare un possibile futuro in modo molto dettagliato.

Credere che avrei sposato Matt Damon era roba al limite della pazzia… eppure mi ha fatto sbarcare a Los Angeles e mi ha spinto a lottare per ottenere un lavoro alla Miramax Film, il che mi ha portato a intraprendere la carriera di organizzatrice di eventi e a conoscere il mio futuro marito. Non possedendo una direzione chiara o una visione reale, mi sono limitata a immaginarne una. Mi sono aggrappata all'idea di un futuro per sapere quale direzione prendere. Strada facendo sono cresciuta e ho capito qual era la mia destinazione, ma se non avessi avuto quell'idea in testa chissà dove sarei andata a finire o, cosa più importante, come avrei gestito i momenti duri quando ci ero ancora dentro fino al collo. Mentre sognavo di comprarmi quella borsa, i miei obiettivi più grandi – portare a casa uno stipendio dignitoso e contribuire al conto corrente in comune con mio marito – sembravano irraggiungibili. Non concreti.

Ma dividerli in micro-obiettivi – nel mio caso, regalarmi una borsetta – era più fattibile. Quando insegui un sogno, avere le redini della situazione è importante, ma non basta. Devi dedicare del tempo a concentrarti su ogni minimo dettaglio di quel sogno. Come ti sembra? Come ti fa sentire? Quanti particolari riesci a immaginare? Quanto riesci a renderlo reale nella tua mente? Perché il punto è questo: i miei obiettivi sono reali per me. Nella mia mente non c'è alcun dubbio che io possa raggiungerli. Ne ho la certezza assoluta, proprio come è successo con Matt Damon o con quella borsetta costosissima. E non importa che alla fine il sogno si realizzi oppure no. Ciò che conta è: come condurre la tua nave in una direzione precisa? Come continuare a mantenere la rotta anche quando il mare è agitato o la barca va a sbattere contro gli scogli? Tenendo gli occhi inchiodati all'orizzonte.

Le mie fantasie, per esempio, erano un tentativo di guardare fisso sopra le onde. Quando la vita era un mare torbido e insidioso da navigare, avere una visione chiara mi forniva qualcosa su cui concentrarmi. Non mi stancherò mai di raccomandarvi di fare altrettanto.

Avete un obiettivo? Ve lo ripeto, mettetelo per iscritto. Non sto scherzando. Scrivetelo! Immaginatelo in ogni minimo dettaglio. Focalizzatevi su di esso ogni volta che potete. Come sarà rimettersi in forma? Come vi starà quel vestito? E che dire del lavoro dei vostri sogni? Come sarà il primo giorno in azienda? E il cinquantesimo? Che cosa potrete fare nel tempo libero quando avrete quella posizione? Quanto sarete felici? A questo proposito, trovo molto utili i promemoria visivi. Ne ho appeso uno con i miei obiettivi attuali all'anta dell'armadio, così ogni volta che mi vesto (ossia tutti i giorni) posso rinfrescarmi le idee.

Quali sono i miei promemoria?

Ne abbiamo già accennato prima: uno è la copertina di *Forbes* con alcune milionarie che si sono fatte da sole. La seconda è la foto di una casa vacanze alle Hawaii. Entrambe sono sulla mia wishlist da anni. La casa, in particolare, è un traguardo tanto meraviglioso quanto difficile da raggiungere. Conto di comprarne una entro i quarant'anni... quindi ne ho ancora alcuni a disposizione per provarci.

Be', non sapete quante volte, in preda alla stanchezza, allo scoramento o simili, ho chiuso gli occhi e mi sono immaginata di festeggiare il mio quarantesimo compleanno in quella villa da sogno alle Hawaii. Ci sono tutti i miei amici, i miei figli, mio marito e i miei parenti, e sorseggiamo un cocktail delizioso. Indosso una specie di strepitoso caftano... perché quando hai guadagnato abbastanza per comprarti una casa vacanze alle Hawaii, puoi permetterti di indossare qualsiasi cosa ed è fuori discussione che io riduca il girovita. Quella festa di compleanno e quella casa sono immagini nitide che mi aiutano a mantenere la concentrazione quando rimango impantanata.

A volte questi sogni a occhi aperti rappresentano anche una valida tecnica di distrazione.

Quando corro su lunghe distanze o mi alleno per una gara, la mia immaginazione è uno strumento eccezionale per focalizzarmi su qualcos'altro. Durante gli allenamenti per la mia prima mezza maratona, il mio unico obiettivo era quello di arrivare al traguardo senza schiattare. Nell'occasione successiva l'obiettivo era correre quei venti chilometri realizzando un tempo migliore rispetto alla volta precedente. Questo significava allenarmi spesso e bene, sul tempo e sulla distanza, e sfidare costantemente i miei limiti. Fu durissima, gente, anche perché mi provocò un dolore tremendo a muscoli che non usavo da quando facevo step negli anni Novanta!

Per arrivare alla fine di un allenamento particolarmente faticoso uso un trucchetto che siete libere di sfruttare anche voi. È ridicolo, e anche un po' imbarazzante, ma con me funziona sempre.

Mi pare che sia stata Mindy Kaling a coniare l'espressione *cardio fantasies* per indicare le storielle che inventa per intrattenersi mentre si allena. Se non l'ha fatto, qualcuno per favore registri il marchio al posto mio, così presto scriverò un libro al riguardo e ne farò una linea di abbigliamento sportivo.

La mia cardiofantasia è il sogno, tanto ambizioso quanto assurdo, cui ricorro di solito durante una sessione di allenamento particolarmente tosta. Talvolta la musica nelle cuffie riesce a mantenermi carica, ma quando il gioco si fa duro, i duri (io, in questo caso) si immaginano in vacanza con George Clooney nella sua villa sul lago di Como.

Siete liberissime di prendermi in giro, ma ho scoperto che più bizzarra è la fantasia, più tempo riesco a resistere senza accorgermi che i miei quadricipiti gridano vendetta.

Non avete la vostra cardiofantasia? Prendete in prestito una delle mie. Queste sono quelle cui ricorro in caso di necessità. E se pensate che stia facendo la spiritosa, giuro sul potere di Grayskull che queste sono le cose cui penso davvero mentre mi alleno:

- *Essere la migliore amica di una persona che ammiro.* Come forse saprete, quando si tratta di libri sono una vera nerd. Non azzardatevi a intavolare una conversazione su un tema letterario con me, perché è sicuro che mi renderò ridicola. Se c'è una scrittrice che mi piacerebbe davvero incontrare è Deborah Harkness, e poiché sono una *super* nerd, so che vive relativamente vicino a dove vado a correre ogni settimana. Mi piace immaginare uno scenario dettagliato dove lei cammina sul mio stesso sentiero, io la riconosco e in sostanza diventiamo migliori amiche e ci incontriamo tutte le settimane per fare quattro passi in compagnia e discutere i colpi di scena del suo prossimo libro, magari il seguito della *Trilogia delle anime.*

- *Andare in vacanza con i vip.* Non scherzavo con la storia di George Clooney. Mi piace immaginarmi in vacanza in un posto fantastico con un grande gruppo di coppie celebri. In questa fantasia i miei capelli sono sempre lucidi e sfoggio un make-up effetto bagnato come quello di J-Lo. Preparo la cena per tutti e, sorprendentemente, perfino le star cinematografiche più smilze mangiano stufato e polpettone di carne. Mi chiedono dove possono trovare il mio ricettario e mi amano tutte perché, per essere una magnate miliardaria, sono incredibilmente alla mano.

- *Duettare dal vivo con Lionel Richie.* Ho parecchie canzoni di Lionel Richie sul mio iPod, perciò questa fantasia ne è la diretta conseguenza: Lionel è un vecchio amico di famiglia che mi fa la sorpresa di venire a esibirsi per la mia festa di compleanno (il mio quarantesimo alle Hawaii, per esempio). A un certo punto mi invita a salire sul palco e duettiamo. Nella vita reale non è che sia bravissima a cantare, ma qui mi lancio in un'interpretazione pazzesca di *Dancing On The Ceiling*. Più tardi, come bis, ci esibiamo in un duetto sulle note di *Hello* così struggente che, a distanza di anni, i miei amici commentano ancora quella serata: «Caspita, Rachel, ti ricordi quella volta che tu e Lionel avete cantato *Hello*?».

- *Ricevere avance da Ryan Gosling o da uno dei fratelli Hemsworth.* Non ho il coraggio di avere vere e proprie fantasie su questi ragazzi, ma mi piace immaginare uno scenario in cui ho un aspetto impeccabile e sono così spassosa e arguta che uno di questi stalloni decide di provarci con me. La correttezza mi impone di dire a Ryan, Chris o Liam che sono felicemente sposata, ma il sogno di sentirmi chiedere di uscire da uno di loro mi accompagnerà finché avrò novant'anni.

Alcune fantasie sono strumentali al raggiungimento dei nostri obiettivi. Altre sono sciocche, ma ci danno qualcosa cui pensare. A mio parere, tutte hanno un valore. E le vostre saranno diverse dalle mie. Magari voi sognerete di curare una malattia rara, parlare di politica con Roosevelt o provare vestiti con Edith Head – la costumista più premiata del cinema. L'importante è non pensare alla sfida che avete di fronte, ma tenere lo sguardo sopra le onde.

Perciò smettetela di prendermi in giro per quanto sono ridicola, e piuttosto cercate la motivazione necessaria, qualunque essa sia, per scendere in campo oggi e darvi da fare.

=> COSE CHE AIUTANO

1. **Mettere gli obiettivi per iscritto.** Non smetterò mai di ripeterlo: quando si tratta di fissare degli obiettivi, è fondamentale mettere tutto per iscritto. Okay, magari non obiettivi tipo uscire con Matt Damon (pietà, ero una teenager!), ma se sognate qualcosa, scrivere fisicamente le parole è un passaggio essenziale.

2. **Pronunciarli a voce alta.** Anche dare un nome ai propri obiettivi è importante, perché spesso facciamo fatica ad ammetterli perfino con noi stessi. Quando li descrivete a parole, cercate di farlo in modo efficace. Dite: «Prenderò un master in psicologia del lavoro e delle organizzazioni» invece di: «Cercherò di riprendere a studiare». Quando sono in giro per la città, urlo i miei obiettivi in macchina, così nessuno può sentirmi. Li annuncio a mo' di proclami, come se la loro realizzazione fosse solo una questione di tempo.

3. **Creare una vision board.** Le immagini appiccicate sull'anta dell'armadio hanno un grande significato per me perché sono un promemoria costante di dove voglio arrivare, ma un aiuto visivo può essere utile anche per chi sente di non avere un'immaginazione molto spiccata. Usate le immagini per realizzare una mappa mentale dei vostri sogni.

Bugia n. 14

SONO UNA PESSIMA SCRITTRICE

Dopo aver pubblicato il mio primo libro, *Party girl*, di tanto in tanto (cioè ogni undici secondi) mi capitava di andare su Goodreads per vedere cosa dicevano i lettori. Essendo un topo da biblioteca abituato a spulciare le recensioni online per costruire la propria wishlist di titoli da acquistare, trovavo elettrizzante leggere le opinioni della gente riguardo un *mio* libro. Fu un incentivo incredibile per me – soprattutto mentre affrontavo la stesura del sequel – vedere tutte le cose carine che scrivevano i lettori. Più di una volta mi sono commossa di fronte all'intervento di qualche tenera fan che spiegava perché amava i miei personaggi, mentre dentro di me pensavo: "Sì, è esattamente ciò che speravo avresti visto in lei!". Mi crogiolai in questo mondo da sogno per mesi. Onestamente, non credevo che potesse esistere un'altra realtà. Poi un giorno, all'improvviso, questo idillio finì.

Dovetti incassare la mia prima recensione negativa.

È difficile spiegare come mi sentii nel veder attribuire due stelle al mio lavoro… ma direi che fu come ricevere un pugno allo stomaco, poi in faccia, e poi di nuovo allo stomaco. Entrai nelle prime fasi di quello che mi piace definire "lutto da critica negativa". La prima fase, ovviamente, è la negazione. Lessi e rilessi la recensione incriminata finché mi resi conto che, a prescindere da quante volte me la ripetessi, quella lettrice continuava a pensare che il mio libro fosse "banale" e "ridicolo". E poi? Con il dolore reale la fase successiva è la rabbia, ma nel caso del lutto da critica negativa, credere alle cose negative fu molto più facile, almeno per me, che credere a quelle positive. *Naaa*, per me niente rabbia. Passai direttamente alla negoziazione. La prima idea che partorì il mio cervello portato all'accondiscendenza fu quella di scrivere un commento di risposta per cercare di far capire alla lettrice con quali intenzioni avessi scritto il libro. Meglio ancora, magari avrei trovato un modo per fare amicizia con lei. Se ci fossimo scambiate i contatti sui social network e poi fossimo diventate amiche per la pelle, mi avrebbe conosciuto meglio e sicuramente avrebbe apprezzato di più la mia scrittura. E a quel punto non l'avrebbe denigrata.

Provai poi una morsa allo stomaco man mano che scivolavo nell'ultima fase del lutto da critica negativa: l'accettazione. Decisi che se questa sconosciuta aveva ragione, forse tutti gli altri erano stati troppo clementi con il mio libro perché era un romanzo di esordio. Forse *q*uell'unica persona era più brava a giudicare e io, in effetti, ero una pessima scrittrice.

Ormai ero in una spirale di negatività.

In mezzo a tutto questo, nella mente udivo quella vocina che mi salva sempre nei momenti di crisi. No, non è quella di Dio, del Grillo Parlante o del mio io interiore. La vocina che sento nella testa è quella della mia terapeuta, Denise. Che Dio la benedica.

Anni fa lei disse a una versione di me più giovane e molto più tormentata dall'ansia: «L'opinione che gli altri hanno di te non ti riguarda».

Durante le conferenze, lo ripeto forte per gli spettatori seduti in fondo alla sala:

L'OPINIONE CHE GLI ALTRI HANNO DI ME NON MI RIGUARDA.

L'opinione che gli altri hanno di voi non vi riguarda. È una frase fondamentale per chiunque tenda a tenere in maggior considerazione le opinioni altrui rispetto alle proprie, e assume un significato particolarmente profondo quando stiamo creando qualcosa. Può trattarsi di un libro, un blog, un'azienda, un'opera d'arte o uno stile. Quando creiamo qualcosa che viene dal cuore, lo facciamo perché non possiamo fare altrimenti. Lo facciamo perché siamo convinti che la nostra creazione meriti di essere messa in luce.

Lavoriamo, lavoriamo, lavoriamo e poi chiudiamo gli occhi e incrociamo le dita sperando che qualcuno ne apprezzi il valore. Però il punto centrale di questo processo magico e mistico è questo: creiamo qualcosa perché abbiamo l'abilità di farlo. Creiamo qualcosa per fare un dono a noi stessi e per rispetto verso il talento che abbiamo ricevuto. Ma non possiamo *costringere* la gente ad apprezzarlo o a capirlo.

Dobbiamo essere pronti a lasciarlo libero nel mondo, anche se a qualcuno potrebbe non piacere. Anche se potrebbe detestarlo. Anche se potrebbe assegnargli due stelle o addirittura nessuna. Ogni persona sulla faccia della Terra ha un'opinione, e la sua opinione ha un impatto sul nostro lavoro solo nella misura in cui noi stessi glielo consentiamo – anche se la persona in questione è considerata il massimo esperto in materia. *Una* recensione spietata non può fare di me una pessima scrittrice.

Il mio stile può risultare sciatto? Oh sì, cavolo.

La prima (e la seconda e la terza) bozza di tutto ciò che scrivo è praticamente spazzatura. Se mi rifiutassi di accettare le critiche costruttive di un editor che stimo, se non mi sforzassi di crescere come scrittrice, se continuassi a rimasticare la stessa storia o, peggio, se cercassi di imitare lo stile di qualcun altro, allora sì, ci sarebbero buone possibilità che il mio lavoro faccia schifo. Ma decidere che qualcosa non va bene semplicemente perché qualcun altro non lo apprezza o non lo capisce è una teoria che non posso proprio sostenere.

L'arte e la creatività sono estremamente soggettive e – cavolo! – è dura trovare il coraggio e la motivazione per portare a termine qualcosa. Perciò, se siete consapevoli di aver lavorato a un progetto con il massimo impegno, intendete davvero lasciare che venga distrutto da qualcosa di debole e inconsistente quanto un'opinione?

In qualità di artista o creatrice, dovete fare una scelta. Dovete scegliere una strada, oppure vivrete il resto della vita soffocando a poco a poco la vostra capacità di fare un ottimo lavoro per paura di cosa ne penseranno gli altri. Dovete decidere che vi interessa di più creare la vostra magia e farla conoscere al mondo anziché preoccuparvi di come questa sarà accolta.

Lo so, più semplice a dirsi che a farsi.

Mentre sono intenta a scrivere questo capitolo nel mio bar preferito, ho già controllato il browser una trentina di volte. Stamattina ho postato un articolo su un sito Internet con cui collaboro da anni, ma questa volta ho deciso di parlare di un argomento un filo più controverso del solito – o, per lo meno, lontano da quelli che tratto abitualmente. E quindi adesso sono qui che penso: "Qualcuno capirà? Il mio post verrà letto?". O, peggio ancora: "Farà arrabbiare qualcuno?".

Nonostante siano anni che mi metto alla prova, ogni tanto credo ancora alla bugia che sono una scrittrice terribile e che dovrei decidere di produrre qualcosa in base alla possibilità di avere un pubblico. Inizio a pensare di aver bisogno che l'opinione pubblica avalli il mio desiderio di creare, quando la verità è che dovrei semplicemente mettere a frutto la mia creatività.

Ogni volta che mi lancio in una nuova esperienza, devo lottare contro il desiderio di sapere che sarò apprezzata per poter andare avanti. Ma poiché prevedo di essere creativa e di voler provare cose nuove finché vivrò, questo potrebbe significare decenni di ansie inutili da cui liberarmi.

Che spreco di energie!

Preferirei reprimere le mie idee creative? No. Spero che i miei pensieri trovino una casa… anche se dovessero piacere soltanto a una manciata di persone. Perciò quello che mi devo chiedere è: sono disposta a rischiare di ricevere un giudizio negativo se tutti gli altri fossero positivi? E se il mio lavoro venisse compreso solo da una persona, ma tutti gli altri lo detestassero? E se non piacesse proprio a nessuno?

Ne varrebbe comunque la pena?

Sì.

La mia risposta è sì. Preferisco comunque far conoscere il mio lavoro, a prescindere dalle reazioni che potrebbe suscitare. Preferisco creare come celebrazione del fatto che possiedo l'abilità di farlo.

Per me la risposta è creare. È *sempre* la risposta. E la mia personale forma di creatività è la scrittura, in particolare la condivisione di contenuti che spero possano essere utili agli altri.

Perciò ho due possibilità: scrivere delle parole, lasciarle libere e sperare che vengano recepite bene, oppure tenere nascosta la luce del mio talento perché ho troppa paura che a qualcuno non piaccia il suo riflesso.

Scelgo la prima alternativa.

Scelgo di sedermi in un bar, su un aereo o al tavolo della cucina e scrivere. Scelgo di ritagliarmi qualche minuto durante gli allenamenti di calcio dei miei figli o prima dell'alba o molto tempo dopo che in famiglia tutti sono andati a dormire per scrivere e scrivere e scrivere finché dalla mia tastiera non escono abbastanza frasi da formare un libro.

Non ho idea se vi piacerà oppure no.

Ovviamente mi auguro che vi faccia impazzire e che ne compriate cento copie da regalare ai vostri amici, ma se non fosse così, io sarò sempre qui.

Ho iniziato sedendomi a una scrivania da sola, senza un pubblico pronto ad accogliere il mio lavoro, e continuerò a farlo finché le parole si rincorreranno nella mia testa, a prescindere che ci sia qualcuno disposto ad ascoltarle.

Quando ero piccola trascorrevo ogni domenica (e quasi tutti gli altri giorni della settimana) nella First Assembly of God, la chiesa presbiteriana di cui mio padre era pastore. La cerimonia cantata includeva la presenza di mia madre al piano e di una manciata di suonatori di tamburello sparsi per la sala. Riuscivamo a essere contemporaneamente stonati e in armonia a tre voci come solo in una piccola chiesa di campagna si può fare.

Crescendo ho imparato a conoscere la pacata musicalità di un'ampia congregazione presbiteriana, la gioia di un coro gospel dei quartieri poveri e la teatralità di una cattedrale. Ho partecipato a piccoli incontri di preghiera in Etiopia dove non capivo una parola ma *sentivo* ciascuna di esse. Ho passato ore e ore della mia vita a cantare e battere il tempo con le mani in chiesa, e grazie a tutte queste esperienze ho scoperto una cosa: scrivere – per me – è una sorta di venerazione.

La definizione di "venerazione" è: "sentimento o manifestazione di devozione nei confronti di una divinità". Ebbene, creare è la manifestazione di devozione più grande che conosco, poiché comprendo che il desiderio di creare è un dono di Dio. La libertà di ritagliarmi del tempo e di avere un posto sicuro per produrre arte è una benedizione assoluta in un mondo dove così tante persone non hanno né l'una né l'altra cosa. Ogni volta che mi concedo il lusso di scrivere senza preoccuparmi di cosa penserà il pubblico faccio arte pura. L'arte può assumere le forme più disparate. Per me è scrivere; per voi potrebbe essere dipingere, fare patchwork o prendere lezioni di danza il giovedì sera. Che quanto fate sia apprezzabile o meritevole è una questione soggettiva, e se imparerete a disinteressarvi dei giudizi altrui, ogni cosa che farete sarà fantastica.

Spero che applichiate questo insegnamento nella vostra vita e che decidiate di creare per voi stesse. Create per celebrare l'abilità di farlo, a prescindere dal parere che possono averne gli altri.

=> COSE CHE AIUTANO

1. **Smettere di leggere recensioni.** Questo è un passo veramente fondamentale. Dopo quella recensione negativa su *Party girl* tanti anni fa, non ho idea di cosa pensiate dei miei libri. Magari vi piacciono, o magari li usate per appiccare il fuoco nel camino... In ogni modo, questo non influisce sul mio desiderio di continuare a scriverne altri. Che scriviate o no, comunque, ciascuna di voi è soggetta alle critiche altrui, anche quando chiedete un semplice parere a vostra sorella e lei vi stronca. Quest'anno fate qualcosa di audace e smettete di "leggere" la vostra personale versione delle recensioni.

2. **Scrivere per me stessa.** Scrivo romanzi che raccontano di ragazze che si innamorano a Los Angeles. Scrivo libri di ricette dove il formaggio la fa da padrone. Ora sto scrivendo un manualetto sulle sfide e i trionfi della mia vita. Lo so, non ha nessun filo logico. Di solito gli autori praticano un paio di generi e acquistano prestigio in alcune aree. Il punto è questo: la scrittura è la mia arte, la mia valvola di sfogo creativa. È il sogno di tutta una vita che si realizza, e perciò la considero sacra. Non è mai stata, e mai sarà, il mio lavoro. Non ho bisogno di guadagnarci dei soldi per considerarla preziosa. Questa è una distinzione importante per me perché non voglio che le mie scelte creative siano basate sul denaro anziché su quello che sento nel cuore e nella mente. Se avete la possibilità di tenere una parte della vostra creatività solo per voi stesse, consideratela un dono.

3. **Concedersi momenti futili.** Io coloro insieme ai miei bambini. Disegno per terra con i gessi. Guardo tutorial su YouTube che spiegano come fare uno *smokey eye* luccicante e provo a truccarmi così anche se non ho un'occasione speciale in vista. Cerco attività futili e creative che non hanno nessun altro obiettivo se non quello di regalarmi un po' di gioia.

Bugia n. 15

NON SUPERERÒ MAI TUTTO QUESTO

Poiché sto parlando delle difficoltà che ho combattuto e vinto nel corso della mia vita, sarebbe una negligenza da parte mia tralasciare l'unico evento che pensavo non sarei mai riuscita a superare. Chiunque abbia vissuto un'esperienza davvero traumatica, a prescindere da come si sono manifestate le ripercussioni, merita di sapere che non è solo.

Possiamo aver subìto i traumi più diversi – grandi o piccoli, in età infantile o adulta – ma tutti apparteniamo a un club cui non abbiamo mai chiesto di aderire. Troviamo solidarietà nei numeri, nell'ascolto di altre storie… e questa è la mia.

Il mio fratello maggiore, Ryan, era un ragazzo divertente e gentile. Aveva l'abilità quasi prodigiosa di imparare a suonare qualsiasi strumento musicale a orecchio nell'arco di un solo giorno. Era bellissimo. All'epoca non me ne rendevo conto perché ero più giovane di lui e incline a non pensarci, ma oggi, quando riguardo le foto e vedo il suo sorriso spavaldo e i suoi luminosi occhi azzurri, capisco quanto fosse attraente. Quand'ero bambina, Ryan era il mio migliore amico e il mio compagno di giochi.

Ho ancora impressa nella memoria l'immagine di noi due, svegli fino a tardi nella nostra stanza, intenti a fare il gioco dell'alfabeto: «Mi chiamo Carla e vado in California a vendere cani», «Io mi chiamo David e vado nel Delaware a vendere delfini...».

Da adolescente, Ryan diventò la mia guardia del corpo. Mi insegnò come difendermi dai bulli, come dare un pugno e come infilarmi un noodle nel naso e farlo uscire dalla bocca. Non era migliore o peggiore di qualsiasi altro fratello maggiore, ma era il mio fratellone e gli volevo un gran bene. È stato il mio fratellone finché la sua malattia mentale ha preso il sopravvento. Avevo circa dodici anni.

Si tolse la vita prima che io ne compissi quindici.

So che questa affermazione è scioccante, eppure eccomi qui ad ammettere il peggio del peggio: la terribile verità della malattia di mio fratello e l'effetto distruttivo che ha avuto sulla mia famiglia.

Non conosco nessun altro modo di fare questa confessione se non proseguendo con fatica fino alla fine. Non conosco nessun altro modo di esprimere la mia solidarietà a chi ha affrontato un trauma se non quello di descrivere il mio. Non molte persone sarebbero propense a rivelare che un membro della loro famiglia era uno schizofrenico borderline. Non molte persone sarebbero disposte ad ammettere che il proprio fratello era profondamente depresso e ossessivo compulsivo, o che aveva consultato diversi dottori e assunto innumerevoli farmaci per stabilizzare l'umore prima ancora di avere l'età per prendere la patente.

Pochissime persone vi direbbero che, all'apice di una crisi, il fratello si procurò un fucile e lasciò che fossero i familiari a scoprire il corpo.

Io preferirei non parlare degli incubi successivi, o della paura paralizzante che provai. Dopo quella tragedia, per anni mi portai dietro la convinzione che chiunque fosse addormentato, seduto o immobile fosse morto. Preferirei non parlare di come i miei parenti, certo animati dalle migliori intenzioni, vennero a pulire la sua stanza e coprirono la parete insanguinata con l'unica vernice che avevamo a disposizione in quel momento – e per questo da allora quando vedo una vernice spray color argento mi si stringe lo stomaco. Preferirei non parlare delle immagini orribili marchiate a fuoco nel mio cervello, né del senso di colpa che tuttora mi porto dentro perché quel giorno ebbi troppa paura di restare accanto al suo corpo finché non arrivarono i paramedici. Preferirei non parlare di tutte le sedute di psicoterapia che dovetti affrontare, prima da quattordicenne impaurita, poi da diciassettenne arrabbiata, infine da adulta alle prese con l'idea di dover colmare il vuoto per la perdita di Ryan. Preferirei non parlare di quante volte ho ossessivamente pianificato il funerale di mio marito o dei miei figli in una perversa strategia di *coping* verso la paura che potesse succedere qualcosa di brutto anche a loro.

Preferirei tacere queste verità nascoste, tristi, oscure… eppure ve ne parlerò. Vi parlerò del mio trauma soffermandomi su alcuni dei dettagli più raccapriccianti perché voglio farvi sapere che c'è stato un momento in cui ho creduto di non farcela. C'è stato un momento in cui, nonostante avessi tutto il futuro davanti a me, non riuscivo a vedere altro che sangue e paura e morte.

Eppure sono ancora qui.

E anche voi.

Sono ancora qui perché mi rifiuto di lasciare che qualcosa o qualcuno decida cosa posso diventare. Sono ancora qui perché mi rifiuto di lasciare che il mio trauma abbia l'ultima parola. Sono ancora qui perché non permetterò che un incubo abbia più potere rispetto ai miei sogni. Sono ancora qui perché ho impedito a un periodo difficile di rendermi debole, anzi, ho desiderato che mi rendesse più forte.

Recentemente stavo guardando il documentario di Tony Robbins dal titolo *I Am Not Your Guru*. A un certo punto il narratore dice: «Se vuoi dare la colpa di tutte le cose che vanno storte nella tua vita ai momenti difficili, faresti meglio ad attribuire loro anche le cose belle!». Rimasi folgorata da quell'affermazione perché descriveva perfettamente il mio rapporto con la morte di mio fratello. Di solito non ci si aspetta che riconosciamo le cose belle derivate da un trauma, quasi ci fosse qualcosa di perverso e malato nel farlo. Sembra sbagliato cercare i lati positivi della tragedia perché è come se implicasse di *apprezzare* l'evento terribile che ci è capitato. Invece oggi capisco che, se non cerchi ciò che di buono ti è venuto dall'esperienza che hai vissuto, è tutto sprecato.

Darei praticamente qualsiasi cosa per avere mio fratello qui con me, per saperlo sano e felice. Perderlo è stato così devastante che sarebbe stato facile permettere che la sua morte mi distruggesse. Ciò che accadde ai miei nervi, al mio sonno, al mio senso di sicurezza e, peggio ancora, al mio senso di fiducia per averlo visto in quello stato avrebbe potuto paralizzarmi completamente. Invece ho capovolto la narrazione nella mia mente. Ero ancora una ragazzina e mi ripetevo: "Puoi farcela, Rachel. Puoi fare qualsiasi cosa. Pensa a quello che hai già affrontato!".

Quando a diciassette anni mi trasferii a Los Angeles, dove non conoscevo niente e nessuno e riuscivo a malapena a mantenermi, mi rifiutai di arrendermi alla paura. Dormire in un appartamento schifoso, vivere mangiando cibo da discount e stentare a racimolare i soldi per l'affitto sono sfide che non mi hanno mai fatto paura. Avevo vissuto il terrore autentico e conoscevo bene la differenza.

Mentre ero alla cinquantunesima ora di travaglio per la nascita del mio primo figlio, debole ed esausta, il mio monologo interiore mi ricordava quanto fossi forte. "Sei stata forgiata in un fuoco più ardente di questo… Hai affrontato la morte e certamente sarai abbastanza forte per aiutare questa creatura a vivere." Ho corso delle maratone. Ho fondato delle aziende. Ho spinto me stessa e la mia carriera verso orizzonti lontani che gli altri non avrebbero mai creduto possibili, e sempre con la consapevolezza di esserne capace perché avevo già vissuto esperienze peggiori. Se non avete conosciuto periodi bui, forse troverete questa idea ottusa o perfino machiavellica.

Ma qual è l'alternativa? Superiamo un momentaccio del cavolo ed è finita lì? Siamo fregati? Lasciamo che le parti più brutte e difficili della nostra vita facciano sbiadire tutto il resto?

Non possiamo ignorare il nostro dolore. Non possiamo nemmeno lasciarcelo completamente alle spalle. L'unica cosa che possiamo fare è trovare un modo per cogliere il buono che ne è scaturito, anche se ci vogliono anni per scoprire cos'è.

Perdere mio fratello è stata la cosa peggiore che mi sia capitata in assoluto… ma non ha *definito* la mia vita. Potete vivere un'esperienza che sposta il vostro mondo dal suo asse. Potete sopravvivere alla perdita di un pezzo del vostro cuore senza perdere il nucleo della vostra essenza. Anziché limitarvi a sopravvivere, potete rifiorire. Potete farlo perché è ciò che meritate. E, cosa più importante, potete sopravvivere alla morte perché vivere è il dono più grande che potete fare alla persona che vi ha lasciato… anche se la persona in questione era il vostro io più giovane e innocente.

Il superamento di una grande perdita o di un evento traumatico estremo è uno dei percorsi più impegnativi che un essere umano possa affrontare. Ma sia chiaro: l'unico modo per riuscirci è combatterlo. Il dolore e il trauma sono come un vortice violento che vi trascinerà giù se non combatterete per restare a galla. Ci saranno momenti, soprattutto all'inizio, in cui dovrete fare appello a tutte le vostre forze per tenere la testa fuori da quelle acque turbolente.

Ma *dovete* tenere la testa fuori da quelle onde. È difficilissimo, lo so, però voi siete forti. Anche se in quel momento non ne siete consapevoli, il solo fatto che inspirate ed espirate significa che state lottando contro la marea che vuole spazzarvi via. Non lasciate che ci riesca. Vi prometto che dopo un po' risulterà più facile stare a galla e alla fine imparerete perfino a nuotare controcorrente. L'attrito che affronterete vi servirà a rafforzare i muscoli, le ossa e i tendini; i tessuti del vostro organismo usciranno forgiati da questo viaggio. Il viaggio più tosto che abbiate mai intrapreso, certo… ma che farà di voi persone migliori. Dovete riuscirci. Altrimenti a cosa sarà servito?

Un tempo ripetevo piuttosto ingenuamente che "tutto accade per una ragione" solo perché non avevo ancora vissuto qualcosa di talmente orribile da metterlo in discussione. Oggi non credo più che tutto accada per una ragione specifica, ma che, anche se non esiste una spiegazione, sia comunque possibile individuare uno scopo.

=> COSE CHE AIUTANO

1. **Andare in terapia.** So di aver già menzionato questo punto, ma vale la pena di tornarci su. Per me è impossibile perfino immaginare come avrei fatto a sopravvivere senza l'aiuto di una terapeuta fidata. Il percorso non è stato una passeggiata, e spesso ho detestato dovermi sdraiare su quel lettino settimana dopo settimana e rivivere il trauma, ma se non l'avessi fatto, quell'evento mi starebbe ancora perseguitando.

2. **Parlare di quello che è successo.** Fatelo non solo con un terapeuta, ma con almeno un'altra persona di cui vi fidate. Poco dopo essermi sposata, una sera raccontai a Dave del giorno in cui Ryan si era tolto la vita. Dettagli che erano rimasti chiusi a chiave nella mia mente per sei anni andarono a riempire lo spazio sacro tra noi. Mio marito non cercò di sistemare, organizzare o aggiustare il racconto in nessun modo. Si limitò ad ascoltarmi, e così facendo mise il mio dolore dentro di sé e rese il carico meno pesante da sopportare.

3. **Costringersi a pensarci.** Subito dopo la morte di Ryan, dovetti combattere contro incubi e immagini ossessive che mi si presentavano di continuo nella mente. La mia terapeuta, che era estremamente saggia, mi suggerì di impostare un timer ogni giorno e di costringermi a ricordare per cinque minuti ogni dettaglio di quello che era successo finché il timer non si spegneva. Sulle prime lo trovai un consiglio assurdo, poi scoprii che sapere di potermi concentrare su quel pensiero in un lasso di tempo dedicato permetteva al mio cervello di riposarsi, evitando di ripeterlo in loop. Inoltre mi diede modo di tornare a essere padrona di me stessa. So-

no così grata per aver ricevuto quel suggerimento che negli anni l'ho passato ad altri reduci da un trauma. L'ho inserito perfino nel mio romanzo, *Sweet girl*, come consiglio che Max riceve dalla sua migliore amica. È proprio vero che si tende a scrivere di ciò che si è vissuto.

Bugia n. 16

NON POSSO DIRE LA VERITÀ

Ho il coraggio di raccontarvi questa storia per intero?

È quello che mi sto chiedendo mentre digito sulla tastiera. Sono giorni ormai che nei momenti in cui nella mia mente si rincorrono domande e supposizioni, mi chiedo come spiegare tutto... Come posso raccontarvi questa storia.

La verità? Non vorrei farlo.

Vorrei tenerla vicino al cuore, vorrei nasconderla nella speranza che, così, mi faccia stare meno male. Ma, d'altro canto, so che quando le cose restano nascoste, danno potere alla paura, alla negatività, alle bugie. E io non voglio che questo accada. Desidero con tutte le mie forze essere onesta riguardo la nostra esperienza, soprattutto perché non sapevo nemmeno che questa esperienza potesse essere possibile e vorrei averlo saputo prima.

Questo avrebbe cambiato le nostre scelte?

Non lo so. Ma la speranza che raccontare con sincerità ciò che è accaduto a noi possa incoraggiare o informare altre potenziali famiglie adottive è ciò che mi spinge a mettere per iscritto queste parole. Spero che dopo avrò anche il coraggio di includere il capitolo nel libro perché, a onor del vero, dopo aver costruito una carriera sull'onestà totale... adesso scopro di essere restia a mettermi a nudo.

Ma così è.

Quando ero incinta di Ford, io e Dave decidemmo che un giorno avremmo adottato una bambina. In quanto cristiani siamo chiamati a prenderci cura degli orfani, delle vedove e degli oppressi. Per me queste non sono una manciata di parole tratte dalla Bibbia, ma i fondamenti della mia fede. Così iniziammo a valutare le diverse possibilità e optammo per l'adozione internazionale. Il motivo di questa scelta – che, a ripensarci, è paradossale – era che temevamo il coinvolgimento dei genitori biologici. Eravamo ingenui su parecchie cose allora, ma più di tutto avevamo paura che i genitori naturali potessero rientrare in scena e riprendersi il bambino. Così ragionammo che, con un oceano a separarci, quello scenario sarebbe stato impossibile. Alla fine restringemmo la nostra ricerca all'Etiopia.

Ricordo di essermi sentita travolta dalla trafila burocratica – documenti da presentare, esami del sangue e visite a domicilio dell'assistente sociale. Non immaginavo che fossimo solo all'inizio di un percorso che sarebbe durato quasi cinque anni. Così, senza alcuna prospettiva concreta, pianificavo, sognavo e aspettavo che la nostra agenzia mi comunicasse la nostra graduale risalita verso la cima della lista d'attesa.

D'un tratto, verso la fine del secondo anno, ci fu comunicato che l'Etiopia avrebbe messo in pausa il programma di adozione, e la nostra agenzia di riferimento ci invitò a prendere in considerazione l'idea di puntare su un altro paese. Rimasi pietrificata. Scegliere un altro paese avrebbe significato ricominciare tutto daccapo. Nuovi documenti, nuovi incontri, nuove liste d'attesa... Così decidemmo di non cambiare programma.

Ogni mese ricevevamo una email da parte dell'agenzia.

«Finora nessun movimento.»

«L'ufficio governativo preposto alle adozioni è ancora in pausa.»

«Nessuna notizia.»

Sei mesi dopo chiusero completamente le adozioni verso gli Stati Uniti.

Ero sbalordita e incerta sul da farsi. Se tutto l'impegno, il dolore e la paura non avevano portato a nulla, a cos'era valso il nostro sforzo? Ripensando al sogno di andare in Africa tutti insieme, noi e i bambini, per conoscere la nostra futura figlia mi sentivo una stupida. Per la prima volta mi ritrovavo a farmi delle domande che continuarono a balenarmi in mente negli anni successivi: "È giusto continuare a provarci? Forse dovremmo sentirci già appagati per l'incredibile benedizione dei nostri tre figli. Dovremmo rinunciare?".

Per natura non sono una persona che ama crogiolarsi nei propri problemi. E non sono nemmeno una che si arrende facilmente. Così iniziai a setacciare Internet alla ricerca di informazioni sulla prossima mossa da fare.

Forse avremmo dovuto optare per l'adozione nazionale. Forse l'esperienza precedente era andata così perché nel nostro destino era scritto che avremmo adottato una bambina americana che non era ancora nata. Mi sembrava la risposta giusta, così approfondii le ricerche.

Più passavo in rassegna le opzioni disponibili, più mi convincevo che avremmo dovuto tentare la strada dell'affidamento. Eravamo stati attratti dall'Etiopia perché laggiù la situazione degli orfani è drammatica e pensavamo di poterli aiutare, nel nostro piccolo. Ma l'affido familiare, in fondo, era la stessa cosa. Nella Contea di Los Angeles c'erano tantissimi bambini bisognosi di amore e attenzioni, e noi potevamo offrire entrambi in abbondanza. Inoltre, a Los Angeles devi impegnarti a intraprendere la strada dell'affidamento prima di poter essere inserito nel programma di adozione. In un primo momento eravamo terrorizzati da cosa avrebbe significato questo per la nostra famiglia e dall'impatto che avrebbe avuto sui nostri figli, ma poi decidemmo che valeva la pena esporli a questa realtà per dimostrare loro l'aiuto tangibile che potevamo dare alle famiglie bisognose.

Entrammo quindi nel programma affido-adozione.

Quello che all'epoca non sapevamo era quanto sarebbe stato difficile quel percorso. Non sapevamo che ci sarebbe stata affidata una neonata clinicamente fragile e che il dipartimento non avrebbe avuto la più pallida idea delle sue esigenze mediche estreme. Non sapevamo che ci avrebbero chiamato tre giorni dopo l'arrivo della piccola per implorarci di accogliere anche la sorellina di due anni, facendoci passare in un batter d'occhio da una famiglia di cinque a una famiglia di sette persone. Non sapevamo quanto sarebbe stato complicato gestire il delicato rapporto con due genitori biologici che, per molti versi, erano più piccoli delle loro figlie. E non potevo immaginare quanto sarebbe stato traumatico per me veder andare via le bambine tre mesi dopo.

Mentre soffrivo per il loro allontanamento, cercai di razionalizzare ciò che avevo scoperto riguardo questo sistema distorto. Pensavo che sarebbero passati mesi prima di ricevere una chiamata per l'adozione.

Arrivò trentaquattro giorni dopo.

Ero seduta nel mio ufficio, quando ricevetti un'email dalla nostra assistente sociale. L'oggetto era: "Gemelline?".

Non avevamo previsto di accogliere due gemelle. Non ci eravamo nemmeno resi disponibili per due affidi, ma evidentemente il fatto di aver accettato la seconda bambina durante il nostro percorso d'affido aveva implicitamente reso possibile questa eventualità.

Delle gemelline ci dissero poco. Avevano appena tre giorni, erano state abbandonate dalla madre all'ospedale... e avevamo trenta minuti per decidere. Io e Dave ne parlammo al telefono, in piena ansia. Due gemelle, e per giunta neonate? Ce l'avremmo fatta? Eravamo pronti, nonostante fosse passato così poco tempo dalla dolorosa esperienza dell'affido? Alla fine chiamammo l'assistente sociale e pronunciammo il sì più grande della nostra vita.

Dopo aver atteso quattro anni per l'adozione, quella notte non riuscimmo a dormire. Passammo ore a cercare i nomi adatti. Eravamo così eccitati che il giorno in cui andammo a prendere le bambine non riuscimmo neppure a mangiare. Una volta arrivati all'ospedale, pensai di essere sul punto di svenire mentre aspettavo che ce le portassero. E poi eccole lì, così preziose, piccole e belle che mi sentii la persona più fortunata del mondo perché erano nostre. Certo, sapevo che nel percorso potevano esserci ostacoli e blocchi, ma data la storia delle bimbe eravamo convinti che il ricongiungimento con la famiglia d'origine fosse una possibilità remota.

Le portammo a casa e non dormimmo per giorni perché, sapete com'è, con due gemelle neonate... Be', poco importava. Fu uno dei momenti più felici della mia vita.

Quattro giorni dopo, alle dieci di sera, sentimmo suonare alla porta.

Un suono stridulo, violento. Rimasi così sorpresa che mi domandai se per caso non fosse un corriere che doveva consegnare un pacco. Il mio primo pensiero fu: "È il burro di mandorle che ho ordinato online?" (questo per dire quanto fossimo lontani da quello che sarebbe successo).

Credo che quel ricordo sia il più doloroso per me; lo considero il momento in cui ho smesso di rimanere aggrappata all'idea piuttosto ingenua che avevo di come funzionava realmente il mondo delle adozioni.

Non era un fattorino di FedEx.

Erano due agenti di polizia. Ci informarono che qualcuno aveva fatto una chiamata anonima al numero di emergenza per i casi di violenza sui minori segnalando qualcosa circa la precedente esperienza di affido della nostra famiglia.

Ero in piedi nel portico e indossavo un paio di shorts con dei cuoricini sopra. Avevo la mente annebbiata per la carenza di sonno e dovetti sforzarmi per capire le parole che uscivano dalla bocca dei due poliziotti.

Nei giorni seguenti scoprii che si tratta di una pratica molto diffusa nel sistema di affidamento. Poiché il numero di emergenza garantisce l'anonimato, chiunque può chiamare. Chiunque può dire ciò che vuole. Può farlo per dispetto, per colpire la tua famiglia, per deviare l'attenzione da sé o per un milione di altri motivi che preferirei non approfondire. Ci pensai ossessivamente per giorni, ma l'ossessione non mi portò a nulla. Qualsiasi cosa avessimo detto o fatto, non potevamo sfuggire alle conseguenze: il risultato di una segnalazione come quella è l'inizio di un'indagine a tutto tondo.

Ora, faccio una pausa per dire che un'indagine è necessaria. Certo che lo è. L'abuso di minori è un reato orrendo e deplorevole, e se il sistema non indaga, come può proteggere i bambini in affido? A livello razionale lo capisco perfettamente, ma su un altro livello so solo che ho dovuto starmene seduta in salotto ad ascoltare un addetto del dipartimento per i servizi famigliari e infantili che chiedeva ai miei figli se «mamma e papà si sono mai picchiati quando erano tanto tanto arrabbiati», o se qualcuno li avesse mai «toccati sotto le mutandine».

In quei momenti cercai disperatamente di essere forte per i miei bambini. Cercai di continuare a sorridere mentre tenevo fra le braccia una neonata di otto giorni e ripetevo loro: «Va tutto bene, tesoro, rispondi sinceramente».

Quando i miei figli uscirono dalla stanza, piansi in silenzio mentre firmavo le scartoffie che davano al dipartimento il diritto di consultare le loro cartelle cliniche e i loro documenti scolastici, e fare loro ulteriori domande.

E per tutto il tempo nella mia mente continuavo a ripetermi la litania: "Sono stata io a insistere per l'affidamento. Sono stata io a esporre la mia famiglia a questo sistema". Avevo fatto di tutto affinché i miei figli non vivessero mai un trauma come quello che avevo subìto io da ragazzina, eppure l'avevo involontariamente attirato sulla nostra famiglia.

Non ne avevo idea.

Ero estremamente ingenua. Immaginavo che la cosa peggiore da gestire sarebbe stato il trauma che i bambini in affido avevano affrontato. Non avrei mai pensato che saremmo stati attaccati noi semplicemente in virtù del fatto che eravamo entrati in contatto con quel mondo. E anche se sapevo – se io e mio marito sapevamo – di essere innocenti rispetto alle accuse che ci erano state rivolte, la nostra pratica fu etichettata "in sospeso". Non eravamo "innocenti", perché non si può stabilire con certezza che le accuse mosse sono infondate, se il bambino in questione è troppo piccolo per parlare. Non è un sistema in cui sei ritenuto innocente fino a prova contraria: questo è un sistema in cui sei ritenuto colpevole finché una giuria non arriva a un verdetto unanime.

In quel periodo tantissime persone sui social media mi chiesero perché all'improvviso fossi diventata così magra… Volevano sapere che dieta stessi seguendo per poterla provare anche loro. Be', ero dimagrita perché da settimane nel nostro salotto si susseguivano assistenti sociali pronti a mettere in discussione il nostro carattere, a chiederci se ci eravamo mai alterati al punto da scuotere un neonato.

«Ma ne è sicura, signora Hollis? Magari c'è stato un momento in cui si è sentita particolarmente sopraffatta.»

Quasi non toccavo cibo. Non riuscivo a dormire senza l'aiuto dei farmaci.

Tutto mentre dovevamo occuparci delle gemelline.

E come se non bastasse, in mezzo a questo incubo, al dolore e alla confusione, scoprimmo che in realtà le bambine non erano disponibili per l'adozione. Il loro padre biologico desiderava tenerle con sé. Anzi, si scoprì che *le* aveva sempre volute e non ci era mai stato detto. Non erano mai state disponibili per l'adozione. Erano state messe in affido solo fino all'udienza in tribunale. La giustificazione dell'assistente sociale per aver omesso questa informazione fu: «Be', potrebbero essere date in adozione a un certo punto, se il padre decidesse di uscire dai giochi».

Era un ragionamento disgustoso, detto sinceramente, ma non mi sento nemmeno di biasimarla. Fatico a immaginare quante pratiche passino sulla sua scrivania ogni settimana. Fatico a immaginare per quanti bambini cerchi disperatamente un tetto. Perciò, se saltano fuori due gemelline in affido e non riesci a trovare una casa per loro (cosa che era realmente accaduta, scoprimmo in seguito), perché mai non dovresti rivolgerti a una famiglia che ha l'autorizzazione ad accoglierne due insieme? Non accenneresti al fatto che sono state abbandonate, ma omettendo i dettagli sui genitori biologici, perché rischieresti di non trovare per loro un posto dove andare? Non approfitteresti di una famiglia forte e competente quando hai due vulnerabili neonate di tre giorni da sistemare?

Probabilmente sì. Ed ecco quanto era successo a noi.

Vorrei spiegare l'effetto che questa consapevolezza ha avuto su di me, ma non trovo le parole.

Avevamo ricevuto la proposta di adottare le gemelle dopo quattro lunghi anni di attesa. Ci sembrava la felice risposta a tutte le nostre preghiere, ma presto ci ritrovammo a vivere un incubo.

Quando le piccole furono portate via, mi sentii tradita. Ingannata. Devastata nel profondo dell'anima. Ma è importante mettere in chiaro che alla fine fu una nostra decisione lasciarle andare. Non eravamo sempre stati trattati con onestà durante il percorso, e per questo ci tengo a essere onesta qui: avremmo potuto accettare di tenere le gemelle. Avremmo potuto accettare nove, dodici o diciotto mesi di affidamento con le visite ordinate dal tribunale (due ore, tre volte alla settimana) con il padre biologico, nella speranza che magari quell'esperienza si tramutasse in adozione.

Però non potevamo farlo.

Anzi, forse non mi sono espressa bene. Avremmo potuto farlo... se il mio cuore non fosse stato a brandelli e io non avessi ormai perso ogni briciolo di fiducia nel sistema.

Lottai con me stessa. Lottai con me stessa ogni giorno per settimane cercando di trovare una soluzione. "Forse, se noi... E se loro... Magari il padre..."

A cosa erano serviti i nostri sforzi? Perché eravamo arrivati a quel punto? Che cosa avevamo fatto per meritarci tutto questo? E le bambine? Quelle creature cui avevo dato un nome e che avevo cullato per ore avanti e indietro mentre smaltivano le sostanze che la madre tossicodipendente aveva trasmesso loro? Che dire di Atticus, con i suoi occhioni lucenti? E di Elliott che, essendo più piccolina, aveva bisogno di una dose extra di coccole?

Piangevo.

Piangevo così tanto che avevo gli occhi perennemente gonfi. Piangevo quando tenevo in braccio le bambine. Piangevo quando esitavo a farlo, quando mi imponevo di non affezionarmi a qualcuno che non sarei mai riuscita ad avere con me. Piangevo quando vedevo le altre neomamme su Instagram... E dire che fino a qualche settimana prima pensavo che fossimo tutte parte della stessa tribù!

Dopo questo episodio, io e Dave ci sentimmo soli. Chi avrebbe potuto capire che cosa avevamo passato? La gente ci avrebbe creduto se avessimo raccontato che eravamo stati accusati di una cosa talmente lontana dalla realtà per la nostra famiglia che non immaginavamo nemmeno fosse possibile? Qualcuno avrebbe capito cosa si prova a sapere che esiste una persona anonima così vendicativa da trascinarci in questo terribile scenario solo per dispetto? Leggendo la nostra storia, la gente avrebbe scosso la testa commentando: «Be', è il prezzo da pagare per il percorso di affidamento»?

Era un casino. Un enorme casino, e non era neppure finito lì. Nonostante le gemelle fossero state allontanate dalla nostra famiglia, le indagini a nostro carico proseguirono perché non bisognava più valutare se fossimo adatti a compiere un percorso di affido o adozione, bensì a prenderci cura di tutti i bambini... compresi i nostri.

Avevamo aperto le porte di casa nostra agli assistenti sociali, consentito l'accesso alla documentazione medica e scolastica, favorito i contatti con amici e colleghi che potevano garantire la nostra affidabilità come genitori, e non esistevano prove che convalidassero quella segnalazione anonima. Fu un'esperienza terrificante e traumatica, una sorta di stupro. Eravamo stati aggrediti, e per settimane vivemmo in uno stato di shock.

Ho avuto paura di raccontare questa storia. Sono ancora restia a condividerne i dettagli perché ritengo che i bambini in affido meritino di essere difesi. Ma credo anche che, se fossimo stati più preparati alla realtà – al fatto che le accuse di violenza sono estremamente comuni; che si possono ricevere informazioni sbagliate o fuorvianti sui bambini; che, a prescindere dalle proprie migliori intenzioni, ci si può ritrovare con il cuore spezzato come mai si sarebbe immaginato – insomma, se fossimo stati informati non mi sentirei così ferita ora.

Forse avrei potuto partire più preparata. O forse questa è una pia illusione. "Forse" è la parola che mi ha tormentato ogni giorno. E in questo clima di dolore, dubbi e interrogativi, avevamo una decisione importante da prendere: avremmo continuato a cercare di adottare un bambino?

Il mio istinto diceva: assolutamente no.

Non ce la sentivamo più di esplorare aree quali l'adozione internazionale e il programma affido-adozione, perciò rimaneva l'adozione indipendente. Dave aveva espresso la sua preferenza per questa opzione fin dall'inizio, ma a me sembrava che ci fosse maggiore necessità nelle altre due. A quel punto però lui mi chiese di riconsiderare quell'alternativa.

Dovevo prendere una decisione in fretta. Uno degli aspetti peggiori dell'adozione, infatti, è la lunghezza del percorso. Quindi, anche se non ero sicura di voler andare avanti, sapevo che per assicurarci una possibilità avremmo dovuto iniziare un nuovo iter il più presto possibile. Visite degli assistenti sociali, analisi del sangue, richieste ufficiali, centinaia di pagine da compilare... Ci vuole un bel po' di tempo, e purtroppo nessuno di questi documenti è trasferibile, perciò fummo costretti a ricominciare tutto daccapo. Inoltre non sapevamo nemmeno come muoverci nel mondo delle adozioni indipendenti. Dovevamo rivolgerci a un'agenzia nazionale? Dovevamo procurarci un avvocato? Ci sembrava tutto scoraggiante, a maggior ragione dopo le esperienze che avevamo affrontato.

Non avete idea di quanto sia stato incredibile mio marito in quel periodo. Se chiedete alle coppie di genitori adottivi, la maggior parte vi dirà che è stata la moglie a dare la spinta iniziale. Statisticamente, gli uomini faticano ad accettare l'idea dell'adozione. Di sicuro ci sono eccezioni alla regola, ma nella maggior parte dei casi sono le donne a insistere per intraprendere questa strada. A ben guardare, ero stata io a propendere per l'adozione internazionale, e poi a perorare l'idea del programma affido-adozione. A quel punto, però, ero emotivamente svuotata e non riuscivo a essere ottimista, invece Dave mi spronò a ripensarci. Ricorderò quella conversazione per il resto della mia vita... Eravamo nel cortile sul retro, dove i bambini non potevano sentirci, e io singhiozzavo mentre lui si batteva per realizzare il nostro sogno di avere una bambina.

«Lo so, è dura, ma il nostro sogno non è svanito solo perché le cose si sono complicate, Rachel. Noi avremo una bambina anche se ci vorrà di più, vedrai... Non possiamo mollare proprio adesso!»

Fu Dave a cercare un avvocato esperto in adozioni. Fu Dave a chiamare amici, colleghi e studi medici per ottenere contatti cui rivolgerci. Fu Dave a sedersi per terra il primo giorno di vacanze con documenti sparsi dappertutto, mentre io scrivevo la prima bozza di questo capitolo, e a caricarli uno dopo l'altro sul sito della nostra nuova agenzia di adozioni.

Il processo di adozione indipendente mi spaventava più di qualsiasi altro passo avessimo mai fatto. In breve, una madre biologica sceglie te e tuo marito come genitori di suo figlio, quindi sei in competizione con migliaia di coppie in tutto il paese. Inoltre, ogni volta che salta fuori una madre con criteri compatibili con i tuoi, ricevi una telefonata dal tuo avvocato, il quale ti chiede di contattare un'estranea e intavolare con lei le conversazioni più surreali. Questo accadde tre volte nei primi due mesi. Se vogliamo vedere la questione positivamente, abbiamo avuto tre opportunità in poco tempo, ma la verità – perché sto cercando di essere totalmente onesta con voi – è che quelle esperienze furono brutali. So che non avrei dovuto abbandonarmi a false speranze, ma quando parlavo con una madre biologica non potevo fare a meno di emozionarmi. Sentendola raccontare la sua storia e parlare della data prevista per il parto, iniziavo a pensare: "Oddio, e se fosse quella giusta? E se in aprile ci arrivasse davvero una bambina?".

Quando poi scoprivo che non eravamo noi la famiglia prescelta, mi sentivo una stupida per essermi illusa. Mi domandavo se non fosse tutto una gran perdita di tempo o un esperimento doloroso che non avrebbe portato da nessuna parte. Saremmo mai riusciti ad allargare la nostra famiglia? Valeva la pena di continuare a coltivare quel desiderio? E che dire della mia tristezza? Era irrispettoso essere triste quando avevo tre splendidi maschietti e altre coppie non ne avevano nemmeno uno? Mi chiudevo in bagno a piangere mentre la mia mente veniva bombardata da tutte queste domande cui non trovavo mai una vera risposta.

Così mi ancorai alla fede. Talvolta quella fede era talmente esile che mi sembrava di non potermici neppure aggrappare. Ma c'era sempre quella vocina che mi spronava a continuare a provare.

«Domani andrà meglio» mi rassicurava Dave. "Un giorno stringerò mia figlia tra le braccia e capirò perché ho dovuto aspettarla così tanto" mi ripetevo.

Il mio cammino di fede divenne diffidente e insicuro. I miei passi non erano pieni della spavalderia che avevo mostrato all'inizio del percorso, quasi cinque anni prima. Barcollavo alla cieca lungo un sentiero che non riuscivo a vedere, ma decisi di procedere perché, pur sapendo che sarei andata incontro al dolore, sapevo anche che ne avrei ricavato forza. Potevo guardare ai sei mesi precedenti o ai cinque anni passati a inseguire un sogno e decidere di essere arrabbiata, oppure potevo guardare all'intero percorso e riconoscere tutto ciò che ci era stato donato.

Avevamo conosciuto meglio la situazione critica degli orfani, a livello sia nazionale sia internazionale. Avevamo dedicato tempo, denaro, preghiere e risorse a una causa che prima non avevamo nemmeno preso in considerazione.

Avevamo incontrato e ci eravamo affezionati a quattro bambine, e anche se non le avessimo più riviste, le nostre vite sarebbero state migliori perché per un po' eravamo stati in contatto con le loro anime.

Avevamo consolidato il nostro matrimonio. Quando una coppia condivide un'esperienza tanto intensa, può uscirne più forte o distrutta. Io e Dave avevamo combattuto fianco a fianco in una trincea fatta di documenti, colloqui, analisi mediche e domande invasive. Poi avevamo imparato come prenderci cura di una bambina con un grave problema e di due gemelline neonate che strillavano tutta la notte. Avevamo riso e pianto, ci eravamo scoperti più coraggiosi, più audaci e più uniti. Ecco perché continuavo a credere.

Mi vengono in mente tante cose positive che sono emerse da questa storia e che mi hanno dato il coraggio di fare un ulteriore passo avanti. Ecco perché ho continuato a contattare le madri naturali anche se significava andare incontro a una probabile delusione. Ecco perché non ho mai smesso di pregare per nostra figlia, anche se non sapevo chi fosse, né quanto tempo sarebbe passato prima di conoscerla.

È per questo che cerco di restare fiduciosa anche quando sono esausta. È per questo che continuerò a raccontare la nostra storia anche se è doloroso farlo. Perché, in fin dei conti, non voglio che vediate in me una persona che ha fatto un percorso lungo e doloroso per adottare una bambina, ma una persona che non si è mai data per vinta, anche quando succedeva qualcosa che rischiava di distruggerla. Una persona che ha continuato a credere nel meraviglioso disegno che Dio aveva in serbo per lei, anche se non era facile accettarlo. Una persona che, nonostante le difficoltà, è stata coraggiosa e onesta anche quando era spiacevole condividere la verità.

=> COSE CHE AIUTANO

1. **Fare il grande passo.** Trovare il coraggio di essere onesti riguardo chi siete o cosa state affrontando è come buttarsi in un lago profondo e sforzarsi di nuotare in quell'acqua fredda. Non è necessariamente piacevole, ma una volta che ci siete dentro, è fatta. Più tempo vivete in uno stato di sincerità, più diventa facile restarci per sempre.
2. **Cercare un'altra "bocca della verità".** Circondatevi di persone che hanno affrontato la difficoltà di essere sinceri sui propri sentimenti. Possono raccontarvi che cosa hanno provato e come hanno trovato il coraggio di farlo. Inoltre sono un esempio in carne e ossa di chi ha riconosciuto le proprie difficoltà e vive per raccontarle.
3. **Scoprire storie simili alla propria.** Se avessimo fatto più ricerche preparatorie sull'affido a Los Angeles, quello che ci è successo non sarebbe stato un fulmine a ciel sereno. Ora che l'abbiamo superata e abbiamo conosciuto altre persone che l'hanno vissuta, sappiamo quanto sia diffusa quell'esperienza. All'epoca ci sentivamo completamente soli, e trovare altri che condividevano il nostro percorso ci sarebbe stato di grandissimo aiuto.

Bugia n. 17

IL MIO PESO MI DEFINISCE

Quando la gente parla di divorzio, usa espressioni come "rapporto incasinato" o "conflitto insanabile". Ma sono espressioni troppo lievi e semplicistiche per indicare la distruzione di una famiglia. Il divorzio è un libro che cade su una casa fatta di Lego. È un colpo di cannone che sfonda il ponte della nave nemica, facendola affondare. Il divorzio è un processo di devastazione che parte in cima a una montagna e distrugge tutto ciò che incontra lungo la discesa. Perciò, no. "Incasinato" non è l'aggettivo giusto.

Orribile, violento, odioso, devastante: questi si avvicinano di più.

Quando avevo sedici anni, i miei genitori erano alle prese con un'orribile, violenta, odiosa e devastante crisi che si trascinava fra tira e molla da quando avevo nove anni e che li avrebbe portati al divorzio.

In questo periodo – gli ultimi spasmi della loro relazione – avevo appena preso la patente e ricevuto in regalo un'auto usata. Era una Suzuki Samurai del 1989, un fuoristrada con cambio manuale che non avevo la più pallida idea di come manovrare. Rimase per settimane a prendere polvere nel vialetto di casa, orrendo e doloroso promemoria del fatto che non ero capace di guidarlo e lo lasciavo lì a far nulla.

Accennai le mie difficoltà a mia sorella maggiore, al suo fidanzato e a mia madre, sperando che qualcuno si prendesse un weekend o un pomeriggio libero per portarmi a fare un giro e spiegarmi i misteri della frizione. Se avessi imparato a guidare quella macchina, sarei potuta andare a scuola da sola. Se avessi imparato a guidare quella macchina, avrei potuto cercare un lavoro e iniziare a mettere da parte qualche soldino. C'era un intero mondo di possibilità che mi aspettava dall'altro lato di quella trasmissione manuale.

Finché un giorno, dal nulla, mio padre decise che sarebbe stato lui il mio istruttore di guida. Nonostante l'entusiasmo di imparare a muovermi in autonomia, ebbi subito la sensazione che fosse un'idea catastrofica.

Papà era un tipo irascibile. Il suo temperamento scontroso era stato una costante della mia infanzia, e in quel periodo era decisamente peggiorato. Era passato poco più di un anno e mezzo dalla morte di mio fratello maggiore, Ryan.

Con il senno di poi, capisco che mio padre si stava semplicemente sforzando di tornare alla normalità, di essere un buon genitore per l'unica figlia che ancora viveva a casa. E per giunta stava cercando di insegnarmi a guidare l'auto di Ryan – che, naturalmente, non ne aveva più bisogno.

Che cosa dovevano aver provato lui e gli altri familiari, quelli che non se l'erano sentita di portarmi a fare pratica sull'auto di mio fratello? Papà era stato lo sfortunato prescelto per quel compito ingrato? O era stato l'unico abbastanza forte da superare il dolore e fare ciò che andava fatto? Forse un'altra persona avrebbe combattuto contro le proprie emozioni in un modo diverso. Forse mia madre avrebbe pianto, mia sorella mi avrebbe urlato contro, invece mio padre... Le sue emozioni forti tendevano a incanalarsi in una sola direzione: direttamente al punto di ebollizione.

All'epoca non ero consapevole fino in fondo del mio dolore e del trauma che avevo subìto. Di conseguenza, a sedici anni non capivo perché mio padre fosse così arrabbiato. Quel giorno ci dirigemmo in periferia per fare pratica in una zona poco trafficata. Ho ancora impressa nella mente l'immagine di noi due su quella strada di campagna mentre lui urlava ordini: «Frizione! Cambio! Gas! Quante volte hai intenzione di imballare la macchina prima di capire come funziona?».

Più lui urlava, più io mi bloccavo. E più mi bloccavo, più piangevo. Più piangevo, più lui si arrabbiava.

Non so se quella lezione durò dieci minuti o un'ora. So soltanto che mi chiusi sempre di più in me stessa, finché non iniziai a tremare e mio padre finalmente si arrese e decise di sostituirmi al posto di guida.

Tornammo a casa in un silenzio carico di tensione.

Ora che sono adulta capisco quanto lui si sforzasse di tenere a freno il proprio carattere irascibile e quanto gli risultasse sconvolgente perdere il controllo con noi figli. Prima dirigente d'azienda, poi pastore e infine dottore di ricerca, era perfettamente competente nel suo mondo, ma nella dimensione domestica spesso si sentiva smarrito. Ora lo capisco. Da piccola invece ero inconsapevole di tutto ciò. Ho passato gran parte della mia vita nel timore di farlo arrabbiare. In una situazione come quella, dove avevo fallito completamente e lui era furioso con me, mi ritrovai a desiderare – non per la prima volta, peraltro – di essere io il figlio che aveva perso.

Mi scaricò davanti alla porta, e io mi ritrovai spaventata e confusa in una casa vuota, con un forte senso di nausea. Poi andai in cucina.

Poiché discendo da una lunga stirpe di gente che soffre di fame nervosa, il primo istinto fu quello di cercare qualcosa da mangiare, cosa che sicuramente mi avrebbe fatto sentire meglio. Trovai una confezione intatta di Oreo e ne tirai fuori due. Erano così deliziosi che ne presi un altro.

Ricordo di essermi seduta per terra con la schiena appoggiata contro i mobiletti della cucina e la confezione di biscotti in mano. Mi ero ritrovata a fare la stessa cosa un sacco di volte prima. Il cibo era un buon compagno. Il cibo non mi aveva mai deluso. Invece quel giorno qualcosa cambiò. A ogni Oreo che mettevo in bocca, piangevo più forte. Continuai a mangiare finché il ronzio che sentivo in testa cambiò focus. Smise di concentrarsi su mio padre e sul motivo per cui era così arrabbiato. Cominciai a pensare a me stessa e a tutti i modi e le ragioni per cui avevo torto. "Brava" pensai, "mangiali tutti. Mangia fino all'ultimo biscotto. Mangia tutto quello che trovi in questa stanza. Mangia fino a diventare brutta e inutile, così il tuo aspetto esteriore rifletterà quello interiore."

Seduta sul pavimento, piansi e mangiai fino a star male.

Quella fu la prima volta che ricordo di essermi punita con il cibo, ma non sarebbe stata l'ultima.

I problemi con il mio corpo – il modo in cui lo vedevo e, per associazione, vedevo me stessa – non iniziarono in quel momento, ma quel giorno fecero un gran salto nel buio: se prima avrebbero potuto influenzarmi solo marginalmente, ora assunsero un ruolo centrale nella mia vita.

Il mio peso non era più un elemento di me come i capelli o i denti; era qualcosa che mi *definiva*. Era la testimonianza di tutti i modi in cui avevo fallito.

Più tardi quello stesso anno mi beccai la mononucleosi. Mi piacerebbe potervi dire che fu la conseguenza di un'intensa sessione di petting con un giovane vampiro, ma la verità è che me la presi bevendo da una fontanella fuori dal laboratorio di chimica. Fui costretta a rimanere a letto per una settimana, e con quel mal di gola non potevo neanche deglutire, figuriamoci mangiare qualcosa.

Quando riemersi dalle nebbie della malattia, scoprii di aver perso tantissimi chili. Ero diventata minuta. Non riuscivo a smettere di guardarmi allo specchio. Volevo comprarmi un paio di jeans della mia nuova taglia. Ero convinta che da quel momento in poi la mia vita sarebbe stata come l'avevo sempre desiderata. Sarei diventata una ragazza popolare, sarei andata alle feste, avrei attirato l'attenzione di Edward Cullen versione *Twilight*... Insomma, con una taglia XS, qualsiasi cosa è possibile e tutto è probabile. Giurai a me stessa che non avrei mai più ripreso nemmeno un etto.

Però avevo fame. Avevo sempre una fame tremenda. Lo so, si dice che non ci sia niente di meglio che essere magri, ma immagino che chi lo sostiene non abbia mai mangiato i nachos BellGrande, quelli con la carne, il formaggio, i fagioli e il pomodoro. Non solo riacquistai i chili che avevo perso, ma ne misi su altri.

Quando mi trasferii a Los Angeles, ero perfettamente consapevole di quanto fossi un pesce fuor d'acqua lì con la mia taglia M, però mi convinsi che in un nuovo contesto le cose sarebbero cambiate. Ero pronta a fare un abbonamento in palestra, a correre una maratona e a mangiare solo insalate da quel momento in poi. Peccato che non accadde nulla di tutto ciò. Una vita passata a rimpinzarmi di cibo per sfogare lo stress mi portò a ingrassare ancora di più.

Così decisi di provare le pillole dimagranti.

Non so nemmeno di che marca fossero, né dove le acquistammo; so soltanto che per un paio di mesi io e la mia coinquilina andammo avanti a pillole bruciagrassi e frappè SlimFast. Funzionarono a dovere. Dimagrii e cominciai ad amare ogni aspetto del mio corpo così snello. Certo, avevo sempre fame ed ero costantemente nervosa, ma i jeans mi stavano d'incanto.

Mi aspettavo che la mia vita avrebbe immediatamente preso il volo e che presto i miei sogni sarebbero diventati realtà. Inoltre avevo notato che attiravo gli sguardi degli uomini, al punto che quelle attenzioni stavano iniziando a infastidirmi. Ovunque andassi sentivo i loro occhi fissi su di me. Ogni volta che uscivamo a cena temevo di vedere qualche ragazzo avvicinarsi al tavolo. Lanciavo occhiatacce a qualsiasi esemplare di sesso maschile si palesasse nel raggio di tre metri. Non ero del tutto equilibrata, devo ammetterlo, e nemmeno abbastanza consapevole da rendermene conto.

Un giorno, rientrando a casa prima dal lavoro, mi misi a guardare fuori dalla finestra, e dall'altra parte della strada vidi due iguane che si godevano il sole. Due iguane lunghe quanto il mio femore che se ne stavano davanti alla finestra della cucina di un appartamento di fronte al mio. Una di esse, girando leggermente la testa, mi vide e mi squadrò dalla testa ai piedi. Ora penserete che mi stia inventando tutto, ma vi giuro sulla mia vita che in quel momento ebbi l'impressione che quella lucertolona mi stesse leggendo l'anima. Rimasi così ipnotizzata che non riuscivo a smettere di fissarla. Restai a guardare quei due animali per ore, o almeno così mi sembrava. Ero convinta che se non avessi continuato a fissarli sarebbe successo qualcosa di brutto. Ricordo di aver pensato a un certo punto: "Quando è stata l'ultima volta che ho visto un essere umano? Io e queste iguane siamo forse le uniche creature rimaste sulla Terra?".

La mia coinquilina mi scoprì ancora imbambolata davanti alla finestra nel tardo pomeriggio. Quando cercai di spiegarle che cosa provavo – nel modo più razionale possibile, considerando che avevo passato ore a guardare due rettili – lei mi chiese: «Credi che quelle pillole dimagranti ti abbiano fatto un brutto effetto?».

Be', *forse*...

Fu un sollievo indescrivibile scoprire che sulla Terra c'erano altre creature sopravvissute all'apocalisse oltre a me e alle iguane. Corsi a prendere il flacone delle pillole e lessi attentamente il bugiardino per la prima volta. «Può causare paranoia acuta» era l'effetto collaterale numero uno. Grazie al cielo!

Smisi di prendere quelle schifezze, ricominciai a mangiare cibi solidi e, come tutte le altre volte, ripresi i chili che avevo perso.

Mi piacerebbe potervi dire che quell'episodio di paranoia acuta con tanto di scenario alla *Armageddon* segnò la fine della mia fase di ossessione per il peso e di diete a effetto yo-yo, invece non posso. Ho provato i regimi alimentari più assurdi: la dieta con pochi grassi e tanto esercizio fisico di Susan Powter, la dieta delle combinazioni alimentari di Suzanne Somers, la Atkins con pochi carboidrati, la Lean Cuisine con i suoi pasti monoporzione surgelati, e poi bevande depurative e diete detox… e l'elenco potrebbe continuare. E ogni singola volta che iniziavo una dieta, inevitabilmente sgarravo. Un semplice "errore" (per esempio, una fetta di torta a una festa di compleanno) comportava un annientamento totale per il mio cervello. Concedermi una fetta di dolce significava che avrei potuto benissimo mangiarmi una torta *intera*, oltre alle patatine con le salse, alla pizza e a qualsiasi altra cosa su cui potessi mettere le mani. E ricadevo nella stessa odiosa abbuffata compulsiva che avevo sperimentato a sedici anni in cucina con una confezione di Oreo.

Fin dalla più tenera età mi ero convinta che essere magre significasse essere belle. Le donne magre avevano mariti affascinanti. Avevano una carriera di successo, erano brave madri, indossavano i vestiti migliori. Non credo di aver mai detto queste cose ad alta voce, ma ci credevo fermamente.

A tanti anni di distanza, non mi fa piacere ammettere questa verità. Non mi piace parlare della mia infanzia complicata, né del mio dialogo interiore negativo, né delle bugie ridicole che mi raccontavo. Non mi piace soffermarmi sulle cose che ho sbagliato, ma i miei errori sono come una piccola crepa sulla porcellana, un'imperfezione che vedi solo quando metti la tazza controluce. Le imperfezioni coprono la superficie della mia vita, mi aiutano a raccontare la mia storia e, nel bene o nel male, fanno parte di me.

In seguito, quando mi ritrovai ad affrontare la prima gravidanza e l'aumento di peso che inevitabilmente ne consegue, questa battaglia divenne ancora più difficile. Desideravo con tutte le mie forze essere come una di quelle vip che partoriscono e poi lasciano l'ospedale con indosso i jeans che portavano prima della gestazione. Io, al contrario, per un anno non riuscii a smaltire quei dieci chili che avevo preso con la gravidanza, e nel momento in cui stavo per lasciarmeli alle spalle, rimasi incinta un'altra volta. Mi domandai se sarei mai riuscita a perderli davvero.

Credo che in un tipico libro motivazionale questa sarebbe la parte in cui l'autrice vi direbbe che grazie a un percorso di scoperta di sé e a parecchia psicoterapia ha capito che il peso non la definisce. Questa sarebbe la parte in cui dovrei dirvi che merito di essere amata così come sono. È assolutamente vero, però non è qui che intendo arrivare con questo capitolo, perché non è questo il tipo di libro che voglio scrivere. Ecco ciò che posso dirvi in tutta onestà su dieta, esercizio fisico, peso e il significato che hanno nella mia vita: quello che siete oggi è incredibile. Avete tantissime qualità fantastiche da offrire al mondo, e sono soltanto vostre. Sono certa che il Creatore apprezza tutte le vostre complessità e che è pieno di gioia nel vedervi realizzare appieno il vostro potenziale. Io la penso così.

Inoltre credo fermamente che gli esseri umani non siano stati creati per essere fuori forma e sovrappeso. Penso che funzioniamo meglio a livello mentale, emotivo e fisico quando ci prendiamo cura del nostro corpo nutrendolo, idratandolo e tenendolo in esercizio. La bugia in cui credevo un tempo era che il mio peso mi definisse, che la dicesse lunga su chi ero come persona. Oggi non credo che sia il peso a definirci, ma la cura e il rispetto nei confronti del nostro corpo assolutamente sì.

Lavorando nel settore dei media digitali e avendo alle spalle anni di esperienza nel seminare sconcerto tra gli utenti senza avere intenzione di farlo, so già che la mia affermazione sarà accolta con qualche fastidio. Già mi immagino le email che riceverò. La sfilza di motivi per giustificare l'obesità vostra o di un vostro conoscente, il trauma che avete vissuto, il cibo come strategia di coping. O magari mi sentirò dire il contrario. Magari avete un disturbo alimentare come l'anoressia. Siete magre in modo poco sano perché il vostro corpo non riceve le sostanze nutritive di cui ha bisogno. Oppure esagerate con gli alcolici perché siete un genitore single o state attraversando un momento difficile. Sono tutte cose plausibili, tutti motivi validi per negarsi il piacere di prendersi cura di sé… purché non sia sempre così.

Un trauma infantile non è una condanna per l'eternità. Una grave sofferenza emotiva non è detto che rimanga tale per il resto della vita. So che è così perché sono l'esempio vivente e lampante di una persona che ha scelto di andare oltre il trauma del suo passato. So che è così perché il mondo è pieno di persone che hanno problemi ben più gravi dei miei o dei vostri, e che comunque si impegnano a vivere ogni singolo giorno.

Potete dunque scegliere se arrendervi alle circostanze contingenti oppure no. Potete *scegliere* di continuare a maltrattare il vostro corpo perché non sapete fare altrimenti. Potete *scegliere* di vivere in quelle condizioni perché è il percorso che implica il minor sforzo. Potete *scegliere* di accontentarvi di una vita a metà perché non sapete nemmeno che esiste un'altra strada, o forse perché non avete idea di come uscirne. Ma vi prego, smettete di giustificarvi con spiegazioni fasulle. Smettete di ripetervi che vi meritate questa vita. Smettete di sopportare un'esistenza mediocre semplicemente perché è sempre stata così. Così come avete scelto di rimanere ferme in questa posizione per tanto tempo, potete anche scegliere di tirarvene fuori.

Dovete essere sane e in forma. Non per forza magre, con una determinata taglia, una forma fisica smagliante o un fisico da bikini. Dovete semplicemente poter correre senza avere la sensazione di essere sul punto di vomitare, o poter salire una rampa di scale senza avere il fiatone. Dovete bere un quantitativo d'acqua pari a trenta millilitri per ogni chilo di peso corporeo tutti i santi giorni. Dovete fare stretching, dormire bene e smettere di prendere medicinali per curare qualsiasi dolore, fisico ed emotivo. Dovete evitare schifezze come bibite gassate, cibo da fast food e cappuccini da un milione e mezzo di calorie. Dovete assumere un carburante per il corpo naturale e non trattato, e un carburante per la mente positivo e incoraggiante. Alzatevi da quel divano, scendete dal letto e fate movimento. Uscite dalla nebbia in cui avete vissuto finora e guardate la vita dritta in faccia. È un'offesa alla vostra anima continuare a trattarvi così male.

Perciò no, questo non è il tipo di libro in cui vi verrà detto che la soluzione per la vostra battaglia con il peso è amarvi e accettarvi per quello che siete, bensì che se davvero volete imparare ad amare voi stesse dovete iniziare dal vostro corpo e impegnarvi a capire perché è un problema. Pensate che avrei compreso la mia tendenza a sfogare lo stress nel cibo se non avessi fatto anni di terapia per arrivare alla radice del mio disagio? Pensate che racconterei con tanta disinvoltura l'aneddoto di quel giorno in cui mi sono rimpinzata di Oreo se non avessi fatto tutto ciò che era in mio potere per uscire da quella zona d'ombra? O che abbia magicamente capito come perdere peso dopo una vita passata a mangiare formaggi e salse?

No. Ho dovuto darmi da fare.

Ho dovuto studiare e andare in terapia. Ho dovuto provare diversi tipi di allenamento finché non ho trovato quelli che mi piacevano di più. (Per la cronaca, sono la corsa su lunga distanza e il sollevamento pesi.) Ho dovuto lottare contro l'istinto di abbuffarmi quando mi scostavo leggermente da una dieta sana, e mi ci sono voluti *anni* per adottare questa abitudine. Ho dovuto imparare nuovi meccanismi di gestione dello stress (il sesso è una soluzione apprezzata anche dal partner, per esempio...). Ho dovuto capire come avviene il dimagrimento e scoprire che in realtà è la cosa più semplice del mondo. Tantissime diete mirano a confonderti facendoti credere che esista una facile via d'uscita solo per convincerti a comprare qualsiasi cosa vogliano propinarti. Ma la verità è sempre e soltanto una: se le calorie che consumi in un determinato giorno sono inferiori alle calorie che bruci, perdi peso. Fine della storia.

Trovare cibi sani o allenamenti che vi piacciono può essere più difficile, però non lasciatevi convincere dai media che è complicato. Seguire uno stile di vita sano quando non ne avete mai avuto uno può essere faticoso, soprattutto se dovete scardinare una vita di cattive abitudini, ma il meccanismo è molto semplice. E la versione di voi sana e trattata con cura vale ogni minuto di quello sforzo.

=› COSE CHE AIUTANO

1. **Recitare dei mantra.** Nel primo romanzo che ho scritto la protagonista se ne andava in giro ovunque recitando il mantra: «Sono forte. Sono intelligente. Sono coraggiosa». Era agitata e insicura, perciò si ripeteva questa frase nella mente tutto il giorno per darsi coraggio. Essendo il libro ispirato ai miei primi tempi a Los Angeles, come sapete, il mantra della protagonista rispecchia ciò che ripetevo a me stessa. Passare una vita nella convinzione che il vostro valore – o la sua mancanza – sia determinato dal vostro corpo, dal viso o da qualsiasi altra cosa, significa che nella vostra testa c'è una litania di discorsi negativi che si riproducono a ripetizione. Sta a voi sostituire quella voce con qualcosa di positivo. Sta a voi sostituire quella voce con la verità opposta, ovvero con le affermazioni in cui avete più bisogno di credere. Perciò inventatevi un mantra e ripetetevelo mille volte al giorno finché non diventa realtà.

2. **Modificare i profili che seguo.** Se fate fatica a reggere un determinato standard, se vi sembra che ovunque vi giriate ci sia una splendida modella XS con una chioma fantastica, e se ogni volta che vedete queste foto vi deprimete o andate in ansia, allora *smettete di visualizzare quel tipo di contenuto*! Smettete di seguire le modelle su Instagram, di guardare quelle pagine Facebook. Circondatevi di modelli positivi e edificanti che vi possano insegnare a essere forti e sane. Con ciò non intendo dire che chi realizza tutorial di make-up o le modelle di fitness su Instagram siano cattivi esempi (personalmente le adoro!), ma ci sono periodi in cui seguirle è controproducente. Comportatevi con intelligenza.

3. **Prepararsi**. Qualsiasi cosa vogliate fare, per farla bene dovete prepararvi in anticipo. Su questo non si discute. Volete andare in palestra domani? Allora dovrete preparare il borsone oggi e inserire l'allenamento nell'agenda. Volete essere sicure di mangiare spuntini sani invece delle patatine al formaggio di vostro figlio? Allora ritagliatevi un po' di tempo all'inizio della settimana e preparate qualche snack a base di ingredienti naturali. Se aspettaste l'ultimo minuto, è improbabile che riuscireste a combinare qualcosa. Volete vivere una vita più sana ed equilibrata? Definite il percorso per arrivarci.

Bugia n. 18

HO BISOGNO DI UN DRINK

La prima volta che ho bevuto un alcolico avevo quindici anni. Niente di scandaloso, in realtà fu un'esperienza innocua. Una sera, mentre mi accingevo a trascorrere la notte a casa sua, mia sorella maggiore Christina mi lasciò assaggiare il suo Midori Sour. L'aveva preparato in un bicchiere di plastica che ci avevano regalato in una catena di fast food nel 1998 circa – roba di gran lusso, gente! Il drink era più dolce di un bastoncino di zucchero e aveva una sfumatura verde fosforescente da sostanza radioattiva. Ero felice di assaggiarlo perché mi faceva sentire grande, ma di sicuro non fu il lasciapassare per festini a base di droga allo Studio 54.

La seconda volta in cui ho bevuto un alcolico avevo diciassette anni. Io e la mia migliore amica Kim ci scolammo da sole mezza bottiglia di tequila scadente. Aveva lo stesso colore dello sciroppo d'acero ed era il tipico superalcolico da teenager idioti e marinai in libera uscita. Quasi vomitammo anche le budella, sicure che saremmo morte.

È un miracolo se siamo sopravvissute. Ed è un miracolo che nessuna delle nostre madri se ne sia accorta e ci abbia ucciso.

Quelle due prime esperienze sono cementate nella mia memoria perché erano davvero fuori dall'ordinario. L'alcol non è mai stato presente nella mia adolescenza e ha fatto solo qualche rara apparizione dopo i vent'anni. Oh, certo, mi capitava di bere un po' di vinaccio come ogni ragazza confusa... ma in generale darmi agli alcolici era fuori dai miei radar. Il giorno del mio matrimonio mi concessi qualche sorso di champagne. Durante la luna di miele probabilmente provai qualche cocktail, ma per quanto mi riguardava avrebbero potuto benissimo essere frappé.

Ricordo che non molto tempo dopo esserci sposati, io e Dave andammo a una festa dove una coppia ci parlò di quanto vino consumasse. Ne discutemmo per tutto il tragitto di ritorno a casa.

«Hai sentito quanto dice di bere lei? Roba da pazzi!»

Dall'alto del mio piedistallo, lanciai giudizi lapidari su un comportamento che non riuscivo a capire.

Poi arrivarono i bambini.

E con i bambini da accudire, il vino divenne il mio migliore amico. I cocktail? Erano i cugini prediletti che vedi solo durante le vacanze, cioè li consumavo soltanto in occasioni speciali.

Non so se sia divertente o deprimente ammettere che prima di avere figli non avevo mai capito veramente perché la gente bevesse. Fatto sta che, quando improvvisamente mi ritrovai esausta, sopraffatta e tesa, scoprii che un bicchiere di vino poteva magicamente smussare gli spigoli.

Quando i miei figli più grandi cominciarono a muovere i primi passi, l'alcol divenne una parte integrante della mia routine. Tornavo a casa dal lavoro, mi infilavo il pigiama (perché i reggiseni sono opera del diavolo, signore) e mi versavo un bicchiere di vino mentre preparavo la cena.

Da adolescente mi innamorai di *La gatta sul tetto che scotta*, che opponeva Elizabeth Taylor e Paul Newman in una ricca piantagione del Mississippi. Nell'adattamento cinematografico dell'omonimo dramma teatrale di Tennessee Williams, Brick, diventato un alcolista, si scontra con suo padre (un Big Daddy magistralmente interpretato da Burl Ives) sostenendo di aver bisogno di un drink perché quando beve gli scatta un *clic* nella testa che lo fa sentire meglio.

La Rachel adolescente pensava che Paul Newman esagerasse, che la descrizione di quel *clic* fosse il frutto di un certo gusto per la teatralità tipico del Sud. Ma quando iniziai a farmi un goccetto di sera al ritorno dal lavoro, capii che, senza nemmeno accorgermene, a ogni sorso di vino bianco andavo incontro a quel *clic*. Fra il primo e il quinto sorso iniziavo a rilassarmi. Al decimo ero calmissima, in grado di badare ai miei figli con più facilità.

Con il tempo, però, un bicchiere di vino la sera si trasformò in due bicchieri di vino la sera. Due bicchieri la sera si trasformarono poi in una consuetudine spalmata su tutta la settimana, che aumentava drasticamente nel weekend.

Ogni mattina mi svegliavo con un lieve senso di nausea, oppure ero costretta a prendere una pasticca di ibuprofene per bloccare il mal di testa. Ogni mattina attribuivo il mio malessere agli ormoni o alla mancanza di sonno.

Mi rifiutavo di riconoscere la mia sbornia quotidiana per quello che era.

Alle feste o agli eventi di lavoro buttavo giù un cocktail o il drink della casa non appena entravo nella stanza. Trovarmi in mezzo ad altre persone mi rendeva desiderosa di essere perfetta, e pensavo che se mi fossi rilassata sarebbe stato più facile intrattenere conversazioni serie.

L'alcol mi dava anche coraggio.

Mi dava il coraggio di accudire i miei figli. Mi dava il coraggio di parlare con gli sconosciuti. Mi dava il coraggio di sentirmi sexy. Spazzava via sensazioni come l'ansia, la paura, la frustrazione e la rabbia con una gradevole acidità e un profilo aromatico equilibrato.

Sto cercando di ricordare il momento in cui mi resi conto di quanto tutto questo fosse dannoso per la mia salute, però non riesco a identificare una circostanza decisiva. Ricordo soltanto che un giorno mi scoprii a dire: «Ho bisogno di un bicchiere di vino».

Essendo una scrittrice, sto molto attenta alle parole. Quel giorno, un giorno come tanti, mi concentrai sull'espressione "ho bisogno".

Aver bisogno implica che qualcosa è essenziale, necessario. Perciò quando ero passata dall'idea che un bicchiere di vino potesse essere una piacevole aggiunta alle mie serate alla convinzione che fosse fondamentale per sopravvivere? Ne fui terrorizzata.

Terrorizzata perché vengo da una lunga stirpe di alcolisti e non volevo fare la stessa fine. Smisi di botto. Mi astenni da qualsiasi tipo di alcolico finché non mi resi conto che non ne avevo realmente bisogno. Dopo circa un mese di sobrietà, e dopo aver scoperto che anche senza bere il mondo continuava ugualmente a girare, ebbi la sensazione di aver ripreso il controllo di me stessa. Di tanto in tanto mi concedevo un drink, ma non avvertivo più il desiderio di bere quando ero stressata.

E poi arrivarono i bambini in affido.

Quell'estate partecipammo al programma affido-adozione, e nel giro di un paio di settimane passammo da tre a cinque bambini.

Fu un periodo di caos assoluto, ma nel senso più positivo del termine. Io e Dave eravamo in piena modalità sopravvivenza; ogni giorno la nostra unica missione era quella di tenere occupati tutti quei piccoli tra le sei del mattino e le otto di sera. Correvamo in cortile, saltavamo sul tappeto elastico e passavamo ore e ore a nuotare in piscina. Affrontavamo i problemi di salute più disparati con la neonata in affido e la sua sorellina più grande. Medicavamo migliaia di capitomboli, baciavamo ginocchia sbucciate e ricordavamo a tutti di essere gentili almeno trenta volte al giorno. E la notte, quando erano rannicchiati sotto le coperte? Bevevamo vodka.

Il vino? Era un ricordo lontano. Il vino non avrebbe avuto alcun effetto, considerato il livello di sfinimento, paura e sovraccarico che avevamo raggiunto. La vodka divenne il mio copilota, ed ero profondamente grata per la sua presenza nella mia vita. Iniziammo a gestire visite con i genitori biologici e appuntamenti dal medico più volte a settimana. Eravamo in trincea contro il dipartimento per i servizi famigliari e infantili e combattevamo contro il sistema corrotto in cui ormai eravamo invischiati.

Come si può continuare a portare in visita dei bambini piccoli a genitori che non si comportano come tali? Come si può buttare via mezzo sabato in un'area giochi del McDonald's per aspettare una tossicodipendente (che può decidere di presentarsi oppure no), consegnarle una creatura innocente e guardarla cancellare qualsiasi progresso tu abbia fatto con sua figlia? Come si può fare tutto questo con la *consapevolezza* che alla fine si ricongiungeranno e non c'è nulla che si possa fare al riguardo? Se siete come me, ve lo fate andare bene. Ma di notte, al riparo da sguardi indiscreti, vi mettete a bere, e quando la situazione si fa insopportabile, prendete anche qualche goccia di Xanax.

Se ripenso a quel periodo, provo pena per quella versione di me. Provo pena per la giovane mamma che aveva bisogno del suo bicchierino serale e per la donna che ce la metteva tutta per restare a galla. Per certi versi provo anche un po' di vergogna, perché se non riesco a essere forte per me stessa, almeno voglio essere forte per i miei bambini. Non voglio conoscano quella versione di me che usava qualsiasi cosa per risolvere i suoi problemi. Mi fa pensare alla madre biologica che incontravo ogni settimana al McDonald's: la sua dipendenza mi appare sotto un'altra luce ora, e mi domando se magari qualcuna di voi abbia sviluppato una propria strategia di gestione dello stress.

Nell'ultimo anno ho ricevuto un numero crescente di email da parte di donne che stanno cercando di bere meno. Non consumano tanto alcol da poter parlare di un vero e proprio problema di dipendenza, mi dicono… Non ancora, almeno. Per il momento parenti e amici pensano semplicemente che siano l'anima della festa, o non sanno quanto sia grande il loro consumo effettivo. Ma queste donne temono di poter peggiorare. Nel frattempo stanno prendendo peso e spendendo soldi.

È difficile smettere di bere perché l'azione di base è molto semplice. Un sorso, un *clic* è tutto ciò che si pone fra loro e l'impulso di mettersi a urlare contro i loro figli. Un goccio di alcol è ciò che fa la differenza tra l'ansia e la tranquillità, tra la frustrazione e l'appagamento.

Negli ultimi anni della mia carriera ho ricevuto diversi messaggi da donne che mi ringraziano per la mia sincerità. Mi dicono che leggendo la mia storia hanno capito di non essere sole. E le donne che mi hanno confidato il loro problema con l'alcol? Be', hanno avuto lo stesso identico effetto su di me. Mi hanno fornito una verità potente per combattere contro questa bugia: non sono l'unica ad avere delle difficoltà, e quindi non c'è nulla di sbagliato in me. E se non c'è nulla di sbagliato in me, non ho nessuna ragione di ricorrere alle medicine.

Perché diciamola tutta: il consumo di alcol, nel mio caso, era una sorta di medicina. Quando la vita mi sembrava complicata o ingestibile, mi mettevo qualcosa in corpo per stare meglio. Ma era una soluzione a breve termine che non risolveva nulla. Una volta smaltito l'alcol, i miei problemi restavano. Una volta finita la vodka, avrei comunque dovuto affrontare una delle esperienze più difficili della mia vita: preparare le valigie per quelle bambine e caricarle sull'auto dell'assistente sociale incaricata di riportarle alla loro famiglia.

Bere può essere un tentativo di fuga, ma non si può fuggire dalla realtà della propria vita per sempre. La mattina dopo sarà ancora lì, e per giunta la nostra capacità di affrontarla sarà ridotta perché la "medicina" ci avrà reso ancora più malate.

La verità è che esiste solo un modo per gestire al meglio gli stress, ed è quello di costruirsi un "sistema immunitario" sano (in mancanza di un'analogia migliore e più calzante). Seguitemi bene e vi prometto che il paragone vi apparirà più chiaro.

Quando veniamo al mondo, lo facciamo urlando e senza una reale protezione. Il nostro sistema immunitario è praticamente inesistente, motivo per cui le mamme apprensive come me tengono i neonati imbacuccati come eschimesi anche in piena estate. Crescendo, capita che ci ammaliamo per la prima volta, spesso perché abbiamo un fratellino più grande che porta a casa dalla scuola materna un ceppo di influenza virulenta. Contrarre una malattia che non abbiamo mai avuto prima può essere spaventoso, però è necessario per rafforzare il sistema immunitario. Una volta guariti, il nostro corpo sarà per sempre in grado di combattere quel tipo di malattia e sarà pronto ad affrontare problemi simili perché ci è già passato in precedenza.

Ogni tanto potremo prenderci un'infezione che il nostro sistema immunitario non è abbastanza forte da gestire, perciò ci verranno somministrati degli antibiotici. Quando ero piccola, prescrivevano antibiotici per qualsiasi cosa. Tonsillite? Antibiotico. Hai sbattuto un dito del piede? Antibiotico. Poi, a un certo punto tra la mia infanzia e la maternità, i medici si resero conto che assumendo una quantità eccessiva di antibiotici il nostro organismo non avrebbe mai imparato a difendersi da solo. Il nostro sistema immunitario *deve* essere messo alla prova; deve ammalarsi e imparare quali strumenti sono necessari per guarire.

Capite dove voglio arrivare, vero?

I momenti difficili che attraversiamo servono a costruire la forza necessaria per gestire qualsiasi situazione la vita ci riservi. Le persone più forti che conosciamo probabilmente sono quelle che hanno percorso strade piuttosto ardue e hanno affinato le abilità indispensabili per diventare giganti emotivi. Quando si trovano davanti a una difficoltà, i loro corpi temprati possono contare sugli efficaci anticorpi che hanno sviluppato per gestire quel tipo di problema. Non assumono medicine perché sono abbastanza forti da farcela da soli, anzi, sanno che le medicine potrebbero renderli più deboli.

Io ho dovuto imparare metodi migliori dell'alcol per gestire lo stress e i periodi dolorosi. Ho dovuto imparare abitudini migliori. Farmi un drink sarà sempre la strada più semplice: richiede il minimo sforzo, ma si paga molto caro. Correre, cenare con le mie amiche, pregare, andare in terapia o concedermi di piangere sono i metodi migliori che conosco per raccogliere la forza necessaria per andare avanti. Queste abitudini mi rendono abbastanza forte da affrontare i momenti più duri ed evitare le facili scappatoie.

Per tantissimo tempo ho pensato di aver *bisogno* di un drink. Magari non avete mai provato questa sensazione. Magari per voi il "drink" è una scatola di pillole, il cibo o la pornografia. O magari leggendo questo capitolo starete pensando che voi non fareste mai nulla di così disperato. In tal caso vi chiedo di riflettere bene sulla vostra vita. Conosco molte donne che stanno incollate alla tv o leggono ossessivamente romanzi d'amore perché in quegli spazi si sentono al riparo dal mondo, possono sfuggire alle difficoltà della vita silenziandole con le distrazioni. Cibo, acqua, un riparo, relazioni sane: sono queste le cose di cui avete *bisogno*. Qualsiasi altro elemento decidiate di inserire in quella categoria può diventare una stampella pericolosa, e se siete abbastanza forti da reggervi in piedi da sole, non ne avrete nemmeno bisogno.

Se non vi sentite forti, se, leggendo queste righe, vi sentite deboli nell'anima... voglio che vi chiediate se vi state impegnando a trovare la forza o se state cercando una soluzione rapida. La forza non si costruisce da un giorno all'altro.

È come farsi i muscoli in palestra. Bisogna smontare le parti più deboli di se stessi prima di poterle ricostruire. È un processo doloroso che richiede tempo, spesso molto più di quanto ci si aspetti. Proprio come avviene al sistema immunitario, ci si potenzia in un'area, e poi arriva qualcosa di difficile che non si è mai affrontato prima. A quel punto si deve imparare a crescere in una nuova area, il che può risultare sconfortante se si sono già vissuti dei periodi difficili in passato, ma combattere per superare questi momenti è l'unico modo per diventare più forti, per diventare le persone che si doveva essere.

=> COSE CHE AIUTANO

1. **Capire come funzionano le abitudini.** L'anno scorso ho letto un bellissimo libro, *Il potere delle abitudini* di Charles Duhigg. Ho scoperto che molti dei nostri vizi – bere, fumare e simili – sono abitudini profondamente radicate che si innescano con un segnale specifico. Nel mio caso l'innesco era lo stress. Una volta identificato il mio segnale, ho potuto sostituirlo con un meccanismo di adattamento migliore, e adesso anziché bere preferisco trascorrere del tempo con le mie amiche o fare una corsa su lunga distanza.

2. **Riconoscere la propria situazione.** La consapevolezza di sé è una delle abilità più importanti da acquisire. Nel mio caso, per mesi ho ignorato gli effetti collaterali negativi dell'alcol finché un giorno mi sono costretta a

riconoscere chi ero e cosa stava succedendo realmente. È facile ignorare debolezze del genere, soprattutto se sono mascherate da tentativi di prendersi cura di sé o da strategie di adattamento, ma non si può superare un problema se non si riesce neppure ad ammettere di averlo.

3. **Rimuovere la tentazione.** Se state cercando di evitare l'alcol, mettetelo fuori portata. Se vi rimpinzate di biscotti quando siete stressate, evitate di tenerne in casa. Naturalmente, limitare l'accesso a qualcosa non basta, ma di sicuro è molto più facile cadere in tentazione se te lo trovi davanti.

Bugia n. 19

ESISTE SOLO UN MODO GIUSTO DI ESSERE

Sono cresciuta nel sud della California, ma potrei benissimo essere nata e cresciuta nell'ovest del Texas, per tutti i camion e i brani country che si rincorrevano in ogni direzione lungo i campi polverosi. Bakersfield è il nome di una città che potreste conoscere anche senza esserci cresciute, ma riconosco che è un'ipotesi azzardata. In realtà, dopo essere tornata a casa dall'ospedale in cui sono nata, ho trascorso l'infanzia e poi l'adolescenza in una cittadina alla periferia della periferia di Bakersfield chiamata Weedpatch.

Weedpatch e le comunità circostanti furono fondate dai braccianti agricoli emigrati dall'Oklahoma in California negli anni Trenta del Novecento, durante il periodo delle tempeste di sabbia noto come "Dust Bowl". Avrete letto *Furore* di John Steinbeck o, più probabilmente, avrete almeno visto il film. Bene, quella è la mia gente.

La mia famiglia è originaria dell'Oklahoma, dell'Arkansas e del Kansas. Abbiamo origini irlandesi e scozzesi: veniamo da una lunga stirpe di gente forte e fiera, profondamente religiosa e radicata nelle tradizioni della propria cultura. Se a questo aggiungiamo il fatto che mio padre era un pastore della Chiesa pentecostale e mio nonno altrettanto, capite che sarebbe stato praticamente impossibile per me crescere senza avere un'idea precisa di cosa significa essere *giusti*.

Non che gli anziani della nostra cittadina puntassero il dito contro i diversi... perché la nostra comunità includeva soltanto coloro che agivano e pensavano come noi. Eravamo bianchi, a basso reddito, conservatori ed estremamente credenti, con poca esperienza oltre il raggio di quindici chilometri fuori dalla nostra città.

Non sapevo che essere diversi fosse sbagliato perché non sapevo nemmeno che esistesse qualcosa di *diverso*.

Alle scuole medie andai a Disneyland per suonare il clarinetto con l'orchestra della scuola. Era la prima volta che lasciavo la mia città senza un membro della mia famiglia, e quell'opportunità mi faceva sentire emancipata. Si dice che l'America sia un *melting pot*, un crogiolo, eppure Disneyland mi apparve piuttosto come un'insalatiera: non c'era nessuna fusione, e tutti si distinguevano per la loro splendida diversità. Vidi persone di ogni tipo: famiglie multietniche, gruppi di amici in coda per la giostra delle tazze, tutti di razze diverse... Quando notai due uomini che si tenevano per mano accanto al Matterhorn Bobsleds, per poco non mi uscirono gli occhi dalle orbite. Perfino tra coloro che avevano un aspetto simile al mio, gli stili erano i più disparati: gotico, preppy, capelli lilla, piercing, tatuaggi – c'era di tutto! Fu il mio primo contatto reale con persone diverse da me, e non sapevo bene cosa fare se non fissarle come se fossero animali in uno zoo.

Suppongo che ci siano tantissime ragazze con una vita più limitata e protetta della mia, ma è impressionante per me mettere per iscritto queste cose, dato che la mia esistenza da adulta è completamente diversa.

Ultimamente penso spesso al divario tra le convinzioni con cui sono cresciuta e le mie opinioni attuali. È un argomento che mi sta a cuore perché stiamo attraversando un'epoca in cui la gente traccia confini. Per quanto detesti ammetterlo, capisco quel comportamento perché un tempo lo condividevo. Un cortile della scuola che prevedeva la segregazione per qualsiasi cosa – dall'etnia alla religione, al costo dei jeans che indossavi – aveva perfettamente senso per me perché non conoscevo altro. Ma non si può pretendere che un bambino rimanga nell'ignoranza per sempre. A un certo punto diventa abbastanza grande da capire che sulla Terra ci sono tante persone diverse da lui, e ciò che decide di fare con quella consapevolezza definisce gran parte della sua storia.

Io ho costruito un'attività basata sull'idea di fare rete con altre donne, ed è un affresco digitale di persone provenienti da tutto il mondo. Ciò che ho imparato negli anni è che, a prescindere dal nostro aspetto, siamo più simili di quanto pensiamo. Le mamme di Dubai che mi seguono condividono le stesse preoccupazioni per sé e per la propria famiglia delle mamme di Manila, Dublino o Città del Messico. Non potrei amare queste persone se pretendessi che fossero come me.

Sono cristiana, ma vi voglio bene, vi accetto e voglio frequentarvi ed esservi amica, che voi siate cristiane, musulmane, ebree, buddiste o jedi, che amiate persone del sesso opposto o dello stesso sesso. Non solo: credo che cercare la compagnia di persone diverse da me mi renda più forte. Frequentare persone che non vi somigliano fisicamente, non votano come voi e non hanno le stesse idee, anche se talvolta può mettervi a disagio, vi aiuterà a essere elastiche e a trasformarvi nella versione migliore di voi stesse.

Il sabato mattina vado a lezione di hip hop. Giusto per chiarire, non si tratta di una sessione di cardio dance o di zumba in palestra, ma di una vera e propria lezione di danza, con sequenze di otto passi velocissimi.

E faccio schifo.

Mi butto in avanti quando dovrei fare un'onda; faccio un kick quando dovrei indietreggiare. Fate conto di vedere vostra zia che si lancia sulla pista da ballo dopo aver alzato il gomito con lo Chardonnay durante il terzo matrimonio di vostra cugina. Sono a *quel* livello di tragicità. Poiché è difficile apprendere uno stile di ballo del genere quando non hai nessuna esperienza, e poiché sono circondata da ballerine professioniste giovani e nubili che sembrano aver capito come funziona mentre io no, più di una volta mi sono chiesta cosa ci facessi lì con loro.

Ecco cosa ci faccio: oltre a rinsaldare il mio amore indiscusso per la musica anni Novanta, mi piacerebbe davvero avere l'opportunità di migliorare come ballerina. Preferisco affrontare un processo difficile e spiazzante cercando di capire, facendo domande e chiedendo aiuto, piuttosto che accontentarmi della mia comfort zone, dove la vita è più facile ma non posso crescere. Come disse Maya Angelou: «Più ne sai, meglio fai». Ecco, io voglio saperne di più per poter fare meglio.

Affronto il mio desiderio di creare una comunità nello stesso modo in cui affronto quella lezione di danza.

Preferisco rendermi ridicola davanti ai professionisti più esperti perché desidero stare al loro fianco, esponendomi pubblicamente come dilettante. Preferisco pensare che tra qualche anno, uno o dieci che siano, guarderò alla mia insicurezza mentre scrivevo questo libro, anziché trattare argomenti facili solo perché sono più agevoli da affrontare. La mia insicurezza è la prova che sto cercando di crescere.

Dobbiamo considerare se esistono aree della vita in cui ci piace restare al sicuro entro i confini che noi o la nostra famiglia d'origine abbiamo tracciato. E come facciamo a riconoscere la *giusta* comunità da cercare se non ne abbiamo mai fatto parte? Mi tratteranno in modo diverso a causa delle mie convinzioni? Decideranno che non possiamo essere amici se abbiamo una divergenza di opinioni? Fatevi questa domanda: è possibile che le conversazioni che faremo, le questioni che affronteremo, gli atteggiamenti che dovremo adottare per costruire una relazione significativa ci aiutino a evolvere in una versione migliore di noi?

Una delle mie migliori amiche è omosessuale, con origini afro e latinoamericane. Tre caratteristiche potenti che l'hanno plasmata come donna. Nella sua storia ci sono forza, bellezza, sicurezza, dolore, empatia, rabbia, verità e coraggio, ma se non l'avessi mai scoperta? Io, la stessa persona che anni prima aveva fissato quei due ragazzi gay a Disneyland come se fossero oggetti in esposizione. Io, che un tempo usavo spesso l'espressione "È da gay" in tono spregiativo. Io, che vivevo dentro una bolla dove non si interagiva con ragazze dalla pelle scura. Se fossi rimasta lì? E se io e Dave non avessimo cercato una chiesa a vocazione multiculturale in modo che i nostri figli crescessero senza la visione del mondo standardizzata con cui eravamo cresciuti noi?

E se non avessi invitato la mia futura amica per un happy hour quella prima volta? E se lei non fosse stata infinitamente gentile con me quando facevo domande o affermazioni che ora capisco quanto potessero ferirla? E se non avessimo avuto un tipo di rapporto in cui lei poteva spiegarmi con pazienza perché quella determinata espressione era offensiva? E se non fossi stata disposta a superare – non senza un certo imbarazzo – i pregiudizi inconsci che mi portavo dietro da tutta la vita? Che cosa avrebbe significato questo per il mio lavoro e la crescita dei miei figli?

Ma a parte quello che ho imparato, che dire di quello che ho ricevuto? Che dire delle volte in cui io e la mia amica abbiamo riso per ore, finché ci facevano male le guance? Che dire dei milioni di meme in cui ci siamo taggate? Che dire della spalla su cui sia io sia Dave abbiamo pianto mentre affrontavamo le traversie dell'adozione? Che dire delle vacanze, delle serate al cinema e di quella volta che abbiamo visto Britney Spears in concerto? Mi sarei persa tutto. Tutto quell'amore, quella saggezza e quell'amicizia sarebbero ancora là, dall'altra parte di quel confine tracciato sulla sabbia.

Qualche anno fa passò in città un amico di Dave, così decidemmo di invitarlo a cena da noi con la sua famiglia. Era la prima volta che incontravo quell'uomo e sua moglie, nonché suo figlio. Questo ragazzino è senza dubbio la persona più incredibile che io conosca. Possiamo frequentarlo raramente perché vive in un altro stato, ma ogni volta che lo vedo mi colpisce quanto sia divertente, saggio e forte. All'inizio non sapevo molto di lui, tranne che era diversamente abile. Mi chiedevo se si muovesse con l'ausilio di una sedia a rotelle o un deambulatore, preoccupata com'ero di come farlo a sentire a suo agio in casa nostra. Mi domandavo anche come preparare i miei bambini in anticipo, poiché temevo che facessero domande inopportune o che, seppure involontariamente, dicessero qualcosa di offensivo. Avrei dovuto parlare loro delle sue differenze e spiegare che non importavano? Avrei dovuto far capire bene che gli amici sono amici a prescindere dal loro aspetto o da come si muovono? Avrei dovuto spiegare tutto ciò che sapevo della sua condizione in modo che loro non facessero altre domande?

Ero piena di dubbi e insicurezze, quando mi resi conto di una cosa. Così facendo avrei insegnato ai miei figli a tracciare un confine. Avrei evidenziato gli aspetti che rendevano il nostro amico diverso. Dopotutto, nella mia infanzia era stato il divario invisibile e imposto (intenzionalmente o no) tra "noi" e "loro" a far sì che gli altri mi sembrassero sbagliati. Così quel giorno decisi di non dire nulla, se non che sarebbe venuto un nuovo amichetto a giocare. Quando lui fece il suo ingresso sulla scena, i bambini considerarono il suo deambulatore l'oggetto più *cool* del mondo e lo pregarono di lasciarglielo provare. Si misero a correre su e giù per il corridoio testandone tutte le funzioni. Non avevano mai giocato con un bambino diversamente abile, eppure quel giorno non si accorsero nemmeno di quanto quell'occasione fosse eccezionale. Nel corso degli anni si è ripetuta la stessa cosa quando abbiamo incontrato bambini affetti da sindrome di Down, autismo o paralisi cerebrale. La cerchia di amici dei miei figli è composta da bimbi di qualsiasi colore, religione, abilità e background familiare. La diversità non è qualcosa di fuori dal comune; la diversità per loro è normalità. Non ci sono confini nel nostro recinto di sabbia.

Non esiste un solo modo giusto per essere donna, o figlia, amica, capoufficio, moglie, madre o qualsiasi altro ruolo in cui vi riconosciate. Ogni stile ha tantissime versioni diverse, e la bellezza sta in quella pluralità.

Alla fine di ogni lezione collettiva di hip hop, la sala prove si divide in gruppetti più piccoli in modo che ciascuno di noi possa assistere alle performance degli altri. Proveniamo dai contesti più svariati, e siamo tutti sudati e disgustosi, ma ci sediamo l'uno accanto all'altro per incitare i compagni. Immaginate la scena: un grande gruppo di persone che si impegnano tutte insieme, semplicemente per cercare condivisione e divertimento. Riuscite a coglierne la bellezza, vero? E non è nemmeno la parte migliore. La parte migliore del tempo che trascorriamo insieme è il modo in cui ciascuno di noi interpreta il ritmo. Abbiamo imparato gli stessi identici movimenti (be', loro hanno imparato, nel mio caso è impossibile prevedere cosa tirerò fuori), eppure l'esecuzione di uno è diversa da quella dell'altro. La ragazza che è cresciuta facendo danza classica è più fluida e aggraziata nei movimenti. Il ragazzo che se la cava con la break dance ha uno stile tutto suo. Tutti ci alleniamo sullo stesso brano... ma lo facciamo in modi diversi.

Ed è bello osservare questa varietà di stili.

Che succede se non abbiamo la presunzione di conoscere già le risposte? Che succede se facciamo domande in continuazione? Che succede se non ci accontentiamo del mondo in cui ci sentiamo a nostro agio, ma ci sforziamo di cercare qualcosa in più? Questo: costruiamo legami autentici e profondi con altre donne, anziché rapporti "a pelle".

Non è necessario cambiare il nostro intero sistema di valori per far sì che questo diventi realtà. Possiamo semplicemente modificare il nostro atteggiamento per considerare una comunità più ampia e inclusiva.

Se modifichiamo il nostro atteggiamento, cambierà il modo in cui parliamo.

Se modifichiamo il nostro atteggiamento, cambierà il modo in cui ascoltiamo.

Se modifichiamo il nostro atteggiamento, vedremo la persona, non la categoria in cui rientra.

Questo vale per la provenienza, la religione, l'appartenenza politica, l'orientamento sessuale, lo status socioeconomico e qualsiasi altra categoria possiamo immaginare. Condividere la vita con persone diverse da noi per aspetto, idee e principi politici è il senso di tutto, è la nostra chiamata alle armi. "Ama il tuo prossimo" non era un suggerimento, era un ordine. Come diavolo possiamo amare il prossimo se non lo conosciamo? E conoscerlo non significa fargli un saluto al supermercato, bensì spingersi fuori dalla propria comfort zone e vivere con diversi tipi di persone... anche se ci viene da pensare che stiano sbagliando tutto. Caspita, soprattutto in questo caso. Dobbiamo inserirci in una comunità più ampia non per raffinare la visione altrui su un determinato argomento, ma per smussare gli spigoli del nostro cuore.

Com'è la vostra storia? Ha gli stessi colori e forme? Tutti i personaggi del vostro libro si somigliano e si comportano allo stesso modo? Immaginate che cosa succederebbe – immaginate quanto sarebbe bella la stessa scena, che cosa significherebbe per la vostra visione del mondo e per quella dei vostri figli – se aggiungeste sfumature diverse, racconti diversi, dialoghi diversi. Che cosa significherebbe sfidare la vostra prospettiva ogni tanto? Che cosa significherebbe per la vostra conoscenza farvi più domande? Che impatto avrebbe sul comportamento altrui vedere il vostro cuore privo di pregiudizi e aperto a nuove amicizie?

Che traguardi riusciremmo a raggiungere nelle nostre comunità se prendessimo tutta l'energia che di solito ci serve per tracciare confini e la usassimo per portare più vicino il prossimo?

Ogni giorno avete la possibilità di scegliere quale aspetto dare al vostro mondo. A prescindere da come siete state allevate o da cosa vi è stato insegnato a credere, avete la facoltà di decidere quale direzione prenderà la vostra storia a partire da adesso. Guardate le immagini sul vostro libro. Sono tutte dello stesso colore?

Ogni anno si chiude un capitolo della vostra storia. Vi prego, vi prego, *vi prego* di non scrivere sempre lo stesso capitolo decine e decine di volte e definirlo "vita".

=> COSE CHE AIUTANO

1. **Rivedere le proprie posizioni.** Non è facile ammettere di aver fatto, detto o creduto cose che hanno ferito qualcuno, soprattutto se non ne eravate nemmeno consapevoli; ma se non riconoscete il problema, come potete cambiare? Guardatevi intorno: quanta diversità vedete? Siete circondate da persone che sono *esattamente* come voi? In caso affermativo, cominciate a cercare nuovi amici ed esperienze.

2. **Fare domande con umiltà.** La mia cara amica Brittany è stata un'insegnante incredibile per me, perché mi ha permesso di chiederle un sacco di cose sui privilegi dei

bianchi e sui pregiudizi inconsapevoli che potrebbero risultare offensivi a chi bianco non è. Una volta mi ha detto: «Rachel, non mi offendo se mi fai una domanda. Mi offendo solo se una persona diversa da me presume già di conoscere la risposta». Perciò faccio domande… e le faccio con umiltà.

3. **Cambiare i luoghi che diamo per scontati.** Un giorno io e Dave ci siamo guardati e ci siamo resi conto che frequentavamo una chiesa benestante di Bel Air e che per il 99,9 percento la nostra comunità religiosa era bianca. Ma quello non è essere cristiani: essere cristiani significa accogliere tutti i colori, i caratteri e le estrazioni sociali. Così ci siamo messi alla ricerca di una chiesa multietnica, multiculturale e intergenerazionale, e abbiamo trovato una comunità autentica.

Bugia n. 20

MI SERVE UN EROE

Almeno un capitolo del mio libro deve avere il titolo di una hit anni Ottanta, giusto? Andiamo, non fate finta di aver dimenticato quella scena di *Footloose* dove i protagonisti si sfidano a bordo di un trattore sulle note di *I Need A Hero*. È epica. Non ha nulla a che vedere con l'argomento che sto per trattare, ma mi fa sempre piacere ricordare l'illustre carriera cinematografica di Kevin Bacon quando mi è possibile.

E a proposito di bacon…

Da piccola ero piuttosto paffutella.

Non che una cosa fosse necessariamente correlata all'altra (o forse sì), ma non ero nemmeno quella che si potrebbe definire atletica. Ero la presidentessa del gruppo di teatro, una preadolescente che frequentava ancora gli scout pur avendo superato da un pezzo l'età in cui farne parte poteva darti prestigio.

Mi cimentai in alcuni sport per vedere se facevano al caso mio. In un anno difficile riuscii a entrare, non so come, nella squadra di tennis del liceo… ma il mio unico vero ricordo di quella stagione è la foto di gruppo in cui apparivo con un buco enorme nella calza di cui non mi ero accorta finché non l'avevo vista stampata. Altro che attirare maschi con immagini in cui indossavo la gonna scozzese dismessa da mia sorella.

Fatto sta che negli sport non raggiunsi mai risultati sopra la mediocrità, ma devo ammettere che la cosa non mi importava granché. Tutti abbiamo i nostri talenti, e i miei sono molto, molto lontani dall'ambito atletico.

Poi, anni fa, quando ero incinta del mio terzo figlio, Dave cominciò ad allenarsi per correre una mezza maratona. So cosa state pensando, perché è esattamente la stessa cosa che ho pensato anch'io. Che razza di mostro decide di mettersi in forma smagliante per la prima volta in vita sua proprio mentre sua moglie ha le dimensioni di quelle minicase che si vedono su Real Time?

Dave Hollis, ecco chi!

Il suo aspetto splendido e la sua carica di energia mi rendevano così gelosa che sarei potuta scoppiare! Benché non avessi mai aspirato a correre sulla lunga distanza, il fatto di non poterlo fare per via del mio pancione mi irritava non poco.

Così l'anno dopo, quando Dave decise di partecipare nuovamente alla stessa gara, mi aggregai. Il bello è che, se prima di quel momento mi avessero chiesto di farlo, non avrei esitato a rispondere che *odiavo* correre. Però, pur non essendo un'atleta, sono competitiva. Volevo dimostrare a me stessa che ero in grado di coprire quei ventun chilometri senza morire… proprio come aveva fatto mio marito.

Volevo dimostrare ai miei figli che non solo i papà, ma anche le mamme possono essere forti e tenaci. Inoltre volevo capire se davvero non avevo doti atletiche o se era semplicemente una falsa opinione su me stessa.

Così iniziai ad allenarmi per la mezza maratona – il che, se devo dirla tutta, è come correre sulla sabbia con uno zaino pieno di budini sulle spalle.

Tutto era difficile. Tutto era problematico. A ogni chilometro che affrontavo mi veniva voglia di vomitare. Ma non mi arresi e a poco a poco – con una lentezza oscena, duecentocinquanta metri alla volta – diventai più brava e resistente.

Ebbene, ho scoperto che in realtà sono una maratoneta niente male. Sì, ho le gambe corte, perciò Dave (e praticamente chiunque) può battermi in uno sprint. Ma il punto è che (posso affermarlo con certezza) pochissime persone sono brave quanto me a far prevalere la mente sul corpo. Ho sopportato cinquantadue ore di travaglio. Ho costruito un'azienda da zero solo grazie al mio senso pratico e ai soldi guadagnati con il mio lavoro principale. Ho basato la mia vita sulla volontà di non rinunciare agli obiettivi che mi sono prefissata. Perciò, se dico che farò ventun chilometri di corsa, potete star certi che farò ventun chilometri di corsa, dannazione!

Questo significa che, arrivati a metà percorso, se Dave è tentato di mollare tutto e mettersi a camminare, io sfreccio accanto a lui come la lepre con la tartaruga.

La primissima mezza maratona cui partecipai era organizzata dalla Disney. Credo di non aver mai vissuto un'esperienza tanto edificante e divertente al tempo stesso. Ci tengo a sottolineare la componente ludica perché ricordo che quella mattina arrivai alla linea di partenza con una tale paura che temevo di vomitare. Ma a una gara Disney c'è troppa magia per vomitare.

Le gare si svolgono all'interno dei parchi divertimento, perciò in sostanza si corre tra giostre, principesse e carri allegorici. Alcuni partecipanti sono vestiti come i personaggi Disney e si fermano per permetterti di scattare una foto insieme a loro lungo il percorso. Insomma, l'atmosfera è festosa.

Inoltre, avendo partecipato ad altre mezze maratone da allora, posso assicurarvi che l'incoraggiamento che ho ricevuto in quelle gare è ineguagliabile. C'è qualcosa di incredibilmente emozionante nel vedere migliaia e migliaia di persone che si riuniscono per correre verso un obiettivo comune. C'erano partecipanti in sedia a rotelle, grandi obesi, ottantacinquenni e neonati spinti sul passeggino. C'erano addirittura donne incinte! Donne mostruosamente belle e in forma, disposte a correre per chilometri e chilometri con il pancione. Ero letteralmente a bocca aperta! Ovunque mi voltassi, vedevo gente pronta a mettersi alla prova per migliorarsi, ed era uno spettacolo splendido. Eravamo una massa gigantesca e sudaticcia di speranza, composta da individui di ogni estrazione sociale che avevano sognato quel momento e si erano trovati a percorrere un tratto di strada insieme.

Essendo un evento molto affollato, dovemmo aspettare un po' per raggiungere la linea di partenza, ma quando fu chiamato il mio scaglione, dagli altoparlanti iniziarono a diffondersi le note di *I sogni son desideri*, la colonna sonora di *Cenerentola*. So che può sembrare sdolcinato, ma credetemi, quando toccò a me partire piangevo come una fontana. Continuavo a pensare: "E il sogno realtà diverrà!". Per una volta non mi ero tirata indietro, non avevo lasciato che vincesse la pigrizia, né avevo rinunciato a provare... l'avevo fatto e basta!

A volte, lungo il percorso, mi scattavo un selfie quando superavo il cartello dei chilometri per immortalare quanto mi sentissi bene. Altre volte dovevo fare appello a tutte le mie forze per mettere un piede davanti all'altro. Fu durante quella prima mezza maratona – al chilometro 17, per la precisione – che dovetti dare il massimo. Continuavo a far scorrere le canzoni sul mio iPod per trovarne una che mi desse la carica, perché a quel punto ormai avevo ascoltato tutte quelle che avevo a disposizione. Finii per scegliere *I Need A Hero* di Bonnie Tyler… Vi ho già confessato che ho un debole per la musica anni Ottanta, e questo è un brano che mi dà sempre una sferzata di energia. Fece il suo dovere anche in quell'occasione. Facendo un duetto con Bonnie, iniziai a sentirmi un po' meglio e ad aumentare il passo.

I need a hero…

Come sa bene ogni figlio degli anni Ottanta, la canzone parla di una lei che cerca un uomo, un eroe, "un Ercole della strada che sfidi le condizioni avverse", e mentre mi avviavo a sfiorare il chilometro 18 cantando quelle parole, ebbi una delle più grandi epifanie della mia vita adulta: "Non ho bisogno di trovare nessun eroe. Adesso, in questo preciso istante, sono io l'eroe di me stessa".

Fu una profonda presa di coscienza. Mi ero spinta a fare qualcosa di cui non mi ero mai creduta capace, e avevo acceso una scintilla nella mia anima. Nessuno mi aveva costretto a percorrere tutti quei chilometri. Nessuno mi aveva obbligato a svegliarmi al mattino e cercare le scarpe giuste o a ingurgitare l'integratore meno disgustoso. Nessun altro si era beccato scottature e vesciche al posto mio o aveva messo da parte i soldi per pagarsi la quota di iscrizione.

Era tutto merito mio.

E gli obiettivi che *voi* avete raggiunto? Le piccole e grandi cose che danno pepe e sapore alla vita, le conquiste che vi hanno rese quelle che siete, sono tutte merito *vostro*.

Una volta ho sentito dire che ogni scrittore ha un tema preferito, e che in sostanza continua a riproporlo in ogni suo libro, a prescindere dalla trama o dai personaggi. È assolutamente così per me, anche se all'inizio ne ero del tutto inconsapevole.

Ogni libro che ho scritto è basato su questo tema fondamentale della mia esistenza. È una lezione che ho imparato nel corso degli anni, perciò era inevitabile che si insinuasse nelle mie storie, soprattutto in questo mio ultimo lavoro.

È il dono che vorrei poter fare a tutte le persone che conosco.

È quanto vorrei che qualcuno mi avesse insegnato da bambina, anziché essere costretta a orientarmi nel mondo e scoprirlo da sola.

È la lezione più importante che ho da insegnarvi.

Solo voi avete il potere di cambiare la vostra vita.

È la verità. Che si tratti di Dio, del vostro partner, di vostra madre o dei vostri migliori amici, nessuno di loro può trasformarvi in qualcosa (di più o meno bello) senza il vostro aiuto.

Solo voi avete la possibilità di cambiare la vostra vita. Avete *sempre* avuto questo potere. Dovete soltanto smettere di aspettare che sia qualcun altro a farlo. Non ci sono scappatoie o espedienti. In campo ci siete soltanto voi, la forza che avete e l'intensità con cui desiderate il cambiamento.

Spero, prego, mi auguro, incrociando le dita delle mani e dei piedi, che guardandovi intorno troverete l'opportunità di diventare l'eroe di voi stesse. Ogni donna dovrebbe provare quel tipo di orgoglio, ma se è il cambiamento che state cercando, non dovreste limitarvi a desiderarlo, dovreste proprio sentirne il bisogno. Ponetevi un obiettivo e poi fatevi il mazzo per realizzarlo. Non importa che l'obiettivo in questione sia pagare il conto della carta di credito, perdere cinque chili o correre un triathlon. Dovete darvi una mossa *adesso* che siete ancora galvanizzate dalla lettura di questo libro e decidere quale obiettivo porvi. Poi dovete *impegnarvi* per realizzarlo, dimostrare a voi stesse che potete farcela, che siete capaci di portare a termine qualsiasi cosa vi mettiate in testa.

Voi avete il potere di farlo.

Voi, madri esauste di tre figli, che state prendendo in considerazione l'idea di tornare al lavoro ma avete paura di essere rimaste fuori dal giro per troppo tempo. Voi, che siete in sovrappeso di venti chili e sapete bene che la vostra salute è a rischio se non vi decidete a dare una svolta drastica alla vostra esistenza. Voi, ventenni che desiderate l'amore, ma svendete il vostro corpo per sentirvi in sintonia con qualcuno, salvo poi sentirvi ancora più sole. Voi, che vorreste migliorare le relazioni con chi amate, però non riuscite a liberarvi della rabbia che vi impedisce di riuscirci. Voi, voi, tutte voi. Smettetela di aspettare che qualcun altro aggiusti la vostra vita o di credere che un giorno magicamente migliorerà da sola. Smettete di immaginare che se soltanto aveste il lavoro giusto, l'uomo giusto, la casa giusta, la macchina giusta, o qualsiasi altra cosa, la vostra esistenza diventerebbe quella che avete sempre desiderato. Siate oneste nel riconoscere come siete e nel decidere ciò che dovete fare per attuare un cambiamento.

Prendete in mano la vostra vita senza più cercare palliativi, nascondervi, avere paura, svendervi o dire che non ce la fate. Interrompete il dialogo interiore negativo, smettete di trattare male il vostro corpo, di rimandare tutto a domani, a lunedì o al prossimo anno. Non piangete per ciò che è stato e cercate di prendere il controllo di ciò che sarà. Tiratevi su adesso. Risvegliatevi dal torpore, cancellate le lacrime e il dolore di ieri, e ricominciate daccapo… Datemi retta: anche se ora non vi piacete abbastanza, sciacquatevi la faccia e prendete in mano la vostra vita!

RINGRAZIAMENTI

Innanzitutto devo ringraziare voi. Anni fa ho aperto un blog dove illustravo le ricette che preparavo per cena, e perfino allora, quando le mie foto facevano schifo e non avevo idea di cosa stessi facendo, perfino allora ho trovato una community di donne pronte a sostenermi. Quando ho autopubblicato il mio primo libro, voi eravate con me. Quando, in preda all'agitazione (e all'imbarazzo), sono apparsa per la prima volta in tv, voi eravate con me. Quando sono sbarcata su Instagram, ho ballato su YouTube o ho raccontato storie imbarazzanti su *Rach Talk*, voi eravate con me. E ora siamo qui… con questo libro, questa piattaforma e questa incredibile community di centinaia di migliaia di donne provenienti da tutto il mondo, e questo perché voi siete sempre con me. Grazie, grazie, grazie, amiche mie, per non aver mai smesso di supportarmi. Sono convinta che insieme possiamo cambiare il mondo. Anzi, credo che l'abbiamo già fatto.

Come sempre, sono grata alla mia meravigliosa mentore, che tra l'altro è anche la mia agente letteraria, Kevan Lyon. Kevan, non so se quando ci siamo sentite per la prima volta al telefono tu fossi consapevole dell'avventura in cui ti stavi per imbarcare, ma ti sono enormemente grata per aver accettato di accompagnarmi in questo percorso.

Grazie all'incredibile e instancabile squadra di Thomas Nelson e HarperCollins per essersi occupata di questo progetto. Grazie anche per i biscotti al formaggio, le patatine con guacamole, il vino, i dessert e tutti gli inenarrabili spuntini e cene di gruppo che verranno.

In media dedico almeno sei mesi all'anno a scrivere e/o revisionare un libro, il che significa sei mesi di sbalzi d'umore, bozze, rielaborazioni stilistiche e crisi isteriche indotte dalla caffeina mentre cerco di rispettare la data di consegna. Non potrei fare nulla di tutto ciò senza l'aiuto dell'eccezionale squadra di Chic, che manda avanti la baracca anche quando la proprietaria è rannicchiata in posizione fetale in un angolo e piange sull'editing del libro. Grazie, grazie, grazie a tutti coloro che lavorano alla Chic HQ e che continuano ad aiutarmi a costruire questo sogno.

Grazie infinite a Johana Monroy, che ama e accudisce la nostra famiglia da anni. Spesso la gente mi chiede come faccio a gestire tutto, e la sincera verità è che non è affatto merito mio. Dietro le quinte c'è un'amica fantastica e adorabile, una sorella che si occupa dei miei figli quando il lavoro mi porta lontano da loro. Jojo, non so davvero come faremmo senza di te.

Grazie ai miei splendidi bambini – Jackson, Sawyer, Ford e Noah. Sono profondamente grata a Dio per avermi permesso di essere la vostra mamma. È l'onore più grande della mia vita.

Grazie a mio marito, Dave Hollis, che mi ha concesso di rendere noti molti episodi della nostra storia – non solo in questo libro, ma negli ultimi otto anni di vita pubblica – anche quando farlo era difficile. Ho il privilegio di essere sposata con un uomo che crede fermamente quanto me nella vulnerabilità e nella forza della condivisione.

Infine, un ringraziamento sentito ai miei genitori per tutto ciò che mi hanno dato e che ora fa parte di me. La nostra vita – felice e dolorosa, caotica e magica, bella e difficile – non sarà stata come quella degli altri, ma non la cambierei per niente al mondo. Sono quella che sono grazie a mia madre e a mio padre. Vi voglio bene.

Questo volume è stato realizzato nel rispetto dell'ambiente,
utilizzando carte che impiegano cellulosa proveniente
da foreste gestite in modo ecosostenibile.

Finito di stampare
nel mese di marzo 2020
presso PuntoWeb S.r.l. - Ariccia (Roma)